心の荷物を片づける女は、
うまくいく

練習不焦慮

有川真由美——著　張玲玲——譯
Arikawa Mayumi

96種讓心靈新陳代謝的好方法

推薦文

輕量化人生

山女孩 Kit（《山之間》作者）

剛開始爬山的時候，總是在背包裡塞了覺得可能會用上的裝備，沒有考慮過重量，然後背得氣喘吁吁，帶上山又帶下山，連打開使用的機會都沒有。愈來愈有經驗後，就開始懂得整理自己的「想要」與「需要」，與其說更了解山，還不如說因為對自己更有自信，於是卸下了「不安」這個重量，重新接受自己。

在《練習不焦慮》一書中提到的心靈包袱，其實都是因為不安全感而無法割捨的人事物，只要停下來想想，這一生都要背著這些包袱披星戴月地翻山越嶺，是不是還沒有上肩就感到腳步沉重了呢？

有些是維生的裝備，怎麼樣都需要放進人生的背包中；有些雖然可有可無，但是帶上它更能增添旅途的精彩。就因為人生不是幾天的行程，任何時刻我們都應該把要捨要留的，放在手上溫柔地權衡檢視。

對爬山的人來說，打包的取捨當然重要，但如果能鍛鍊得更強悍，擁有可以掌握自己的能力，就能背負更多的東西。相信自己是被寵愛、眷顧，隨時隨地都可以擁有取之不竭的餘裕，持續心靈的鍛鍊，就能湧出強大的能量，這樣面對所有艱困的路途，都能夠一步一步堅定地往前邁進，多難的高山也可以一一登頂，瞭望更壯麗與震撼的美景。

從現在開始，往輕量化的人生邁進吧！

推薦文

心靈之箱的斷捨離

李郁琳（臨床心理師）

多年前，有位老師曾告訴我：「人生要追求的不是快樂，是平靜。」那時候，我無法體會這句話的深意，只覺得心要保持平靜不起波瀾，談何容易？且人生不就該體驗喜怒哀樂？若情緒波瀾不興，哪還有趣味？我心裡困惑，但也沒有多問。待我年歲漸長、閱歷漸豐之後，開始能體會老師說的話，但具體該怎麼做，我好像還沒理出一個頭緒。

初拿到作者《練習不焦慮》的書稿時，愈讀愈有味，好似也能將之前老師說過的話做具體結合。

作者將心靈比喻成虛擬的行李箱，直指一般人習於將日常生活中的種種情緒、感受、不想面對的事件等，一一丟進箱裡，只進不出。背負著沉重包袱的我們，將它或推或拉或扛上肩，沒有經過整理的包袱愈來愈重，我們體驗到的是沉重的心理壓力，以及隨之而來超乎生理的負荷。唯有透過傾聽內心，將心靈之箱裡的行李進行斷捨離，捨棄不必要的念頭、情緒及行為，人生才能體驗到輕盈與放鬆。

「我們都有獲得幸福的能力。」作者如是說。與其要求被愛、要求取得，不如做個「有愛而溫柔的人」，讓心有餘裕，便能獲得幸福，且「心」的新陳代謝良好，感應幸福的能力就會提高，也會變得更幸福。當心靈包袱清空時，便可以把真正需要的東西放入，否則處在滿溢狀態的「心」，是容不下新東西的。

作者在書中提出五大重點、十九種清理之道及十一個簡單的生活小習慣，教導讀者練習放下心靈包袱，讓心有餘裕，重新取得內心的平靜與安然。

讓我們一起來學習！

推薦文

從心平衡，找到往前走的能量

健身教練 Annie（ACED FITNESS UK 執行長兼教育總監）

一直以來，我排解壓力與負面情緒的方法，就是不斷地透過運動來提高自己的正能量，還有藉由流汗來代謝精神上與身體上的負面情緒。但是，單純只靠運動，卻沒有辦法完全解決我內心底層沉重的心靈包袱。

有川真由美說：「心靈的包袱，指的是我們內心的課題。」當我們每天面對生活中的各種煩惱、生氣、沮喪、失望、嫉妒、寂寞等各種黑暗元素，不知不覺中，每個人在心裡面都背負了好多負面的行李，如果沒有好好分類處理與代謝，這些負面的心靈包袱就會重得讓你無法繼續往前走，甚至淹沒你的視線。

在我正經歷生命週期的低潮期、努力讓自己內心成長的時間點，《練習不焦慮》這本書給了我很大的力量。拜讀這本書後，我了解到自己其實有能力為負面的情緒包袱做分類，有能力可以和平地與這些負面包袱和平共處。當我的心靈包袱不再沉重，我就更容易放下，更容易做出選擇，更容易找到讓自己持續往前走的能量，而這股能量也讓我更容易發揮讓自己更幸福的能力。

每個人都會有心靈的包袱，《練習不焦慮》絕對可以讓你的心靈包袱更加穩定與平衡，走出自己真正想要走的路。

新版作者序

每個人都擁有變幸福的力量

二○二○年，誰也沒預料到的一年。

新冠肺炎在全世界大流行，造成我們的行動受限，以往理所當然的事物都變成困難重重。

我所居住的日本鄉間地區，確診的人數雖然不多，「接下來會變成怎麼樣呢？」這股莫名的不安，像薄霧般籠罩著人們。

不只是擔心遭到感染的恐懼，因為隔離與自我約束而產生的壓力、對確診者的過度指責，以及對政府、媒體與公司的批評等，無法克制內心情緒的人也變多了。

除了疫情之外，不安、恐懼、憤怒、悲傷、嫌憎、敵意、失望等負面情緒一旦擴大，就會變成心靈的包袱，阻礙我們活在當下。

無論有多麼焦躁、煩惱、鬱悶，這種狀況如果不改變，更容易引發不好的事情。

我們人類對於自身以外看得見的危機，有辦法訂定各種解決對策，與周圍的人相互合作，知道如何克服的方法。但是，對於自己內心所產生的一點一滴傷害自己的危機，卻不動手處理。說不定多數的危機，都是發生在我們的內心裡。

只要我們與其他人一起生活在社會裡，總是會遇到無法接受的事情。日常生活中也有各種煩惱，像是「要做的事情太多，忙不過來」、「工作壓力好大」、「想到討厭的人，連晚上也睡不著」等等。

這些包袱會不經意地襲擊心靈之箱，讓心靈空間變得一團混亂與沉重，奪走我們能珍惜重要事物的力量。

收拾內心的雜物，就和整理房子一樣，必須區分「該保留」、「該捨棄」，處理掉不必要的情緒與行為。

正因為新冠肺炎造成的不安，更要投注更多心力守住開朗、安穩的心靈。為了不被網路上不知節制的資訊與惡意留言給耍得團團轉，必須檢視資訊來源，盡可能建立一個不讓危險有機可趁的環境，還要排解壓力，安排讓自己放鬆的時間，並與信任的人說說話、一起合作等等，一定有現在可以做到的事情。

只要養成整理心靈包袱的習慣，好事就會到來。

首先，對自己也對他人投以關愛的眼神吧。

正由於這波疫情造成的影響，「因為不用浪費時間在通勤和交際應酬等，可以把時間用在重要的事物上」、「家人團結一致，感情變好」、「找到真正想做的事情，以及舒服的生活方式」等等，也有人的生活和人生往好的方向發展。

這就是運用了心靈的力量，讓自己與身旁的人幸福的例子。

人類這種生物，意外地很強韌。遇到事與願違的障礙，能夠運用智慧與技術，巧妙柔軟地應對。只要克服了困難，就能成為更值得信賴的自己。

人不是因為境遇，而是用何種態度去看待，決定了接下來是往好還是往壞。

無論是誰都擁有變幸福的力量。

不需要勉強自己拚命用力。只要收拾好內心的雜物，你原本的力量便會自然湧現。表現當然就會出色，自信跟著增加。在由衷地感到快樂、展露笑容的同時，也能面對「當下」。

將耗損內心能量的包袱放下，為心靈添加正面能量的美好事物，一出一進如此反覆，心靈的新陳代謝變好之後，感受幸福、變得幸福的能力也會增強喔。

那麼，我們要如何收拾堆積在內心的雜物呢？為了讓心靈重新恢復元氣，該怎麼處理各種心靈包袱呢？讓我們一起思考吧！

當你讀完這本書之後，我保證你一定會覺得心靈的包袱少了許多，整個人輕盈起來了。

（陳采瑛 譯）

初版作者序

美好的包容力量

從台灣回到日本，一晃已經五個月。

經常到世界各地旅行的我，二〇〇七年受到台灣屏東縣政府的邀請，為了寫書，初次造訪台灣。「原來這麼近，就有如此美麗的地方啊！」我立刻受到台灣的魅力所吸引。

不只自然、建築、文化、歷史、食物，樣樣都饒富興味，最吸引我的，應該是在這裡生活的人們，他們的生命力與人情味。

由於太喜歡台灣，我申請進入台灣的國立高雄第一科技大學應用日文系碩士班就讀，在高雄市住了四年。

除了故鄉，我還不曾在其他地方住過這麼長的時間，所以台灣或許可以算是我的「第二故鄉」呢。

我在台灣的大學學習、教書；和朋友出遊，在台灣快意生活期間，居然寫了將近二十本書。

雖然大多數和工作、生活方式、心理有關，不過多多少少受到在台灣的生活和遇到的人們影響。本書亦多次出現台灣的朋友和認識的人。

這次本書得以翻譯出版，我很高興多少能夠報答一些在台灣時接受的恩情。

提到我深受台灣人們的魅力吸引，有幾個原因。

或許出自我的主觀，也算是「相對的」吧……。

首先是，人們充滿光明的能量。

接著，人與人之間深厚的繫絆。

還有「包容的力量」，那是多麼柔軟的美好力量啊。

這些是讓大多數到台灣的外國人感動、而且非常尊敬的地方。

每次日本的朋友們來看我，都會說「你住在這裡，怎麼變得這麼有活力」、「變溫柔了」、「被療癒了耶」。

我想提醒大家注意那些日本人失去的、重要的東西。

可是人類日常的、也就是本質上的問題，不管台灣還是日本，都不會改變，這一點頗讓我安心。

我常和台灣的同學、朋友一起吃午飯、喝茶，聊著各種煩惱，直到深夜。大家發出「我也一樣」的共鳴；給予「這樣想如何」的建議，就像認識很久的老朋友似的深入瞭解彼此的內心。

我想世界上不論任何人，都有職場、家庭的人際關係、未來發展、健康、金錢等腳邊或附近堆積著「心靈包袱」的問題吧。

本書便是為這樣的人，介紹減輕「心靈包袱」、奪回內心能量的方法。當你懷抱著不安與後悔、自我厭惡等不必要的「心靈包袱」時，將會消耗你心靈的能量，使你無法前行。

我想對台灣的人們傳達以下三點看法。

傾聽自己的內心，確實面對。

將內心的東西分成「必要的行李」與「不需要的包袱」。

珍惜真正重要的東西。

不用擔心。

你只要對在意的事盡力去做就好，其他不用擔心。

只要相信自己和世界往前行，世界將會站在你這一邊。

但願正在讀本書的你，能和自己的內心對話，找回原本旺盛的生命力。

這次本書得以翻譯出版，承蒙遠流出版公司的相關人員、PHP研究所的諸君，以及台灣與日本的朋友們鼎力相助。

許多相逢是奇蹟的累積，這樣的奇蹟更使本書與你相逢。衷心感謝我們能有這樣的緣分。

二〇一四年七月底

目錄——Contents

Chapter 1

一旦收拾心靈的包袱，能量立刻湧現

心靈的包袱是由自己選擇的，
我們不應隨這些包袱起舞，而應好好整理才對。

Chapter 2

整理心靈包袱的方法

假如心靈要背負包袱，那麼選擇適合自己的包袱，能量才會湧出。
不管選擇哪一條路、選擇哪一個東西，不管何時何地，你的心就是你的路標。

Chapter

3

創造心靈餘裕的方法

未來還很長。不要光顧著全力疾行，向前邁進時放鬆心情，享受外界的風光吧。

Chapter 4

給無法收拾心靈包袱的你

與「堆積在心間」相對的是「心有餘裕」，也就是接受現實。
心靈只要有餘裕，人就會變溫柔，也會湧出向新事物挑戰的能量。

Chapter 5

養成經常收拾心靈包袱的習慣

習慣，在後面推動著我們的人生。你每天的小習慣將決定你的人生。
為了整理心靈的包袱，應該盡量給心靈和行動養成這些習慣，
就能夠每天開心過日子。

前言

讓我們一窺心靈之箱吧!

你的心裡是否堆積著令你討厭的事?例如:後悔、無法原諒、不安或悲傷,這些負面情緒悄悄占滿你的心?

這時人們會出現許多行為:無法面對重要的事物、拖延行動、故意忽略應該先做的事……。

若把心靈比喻成「行李箱」,裝了太多「行李」的話,恐怕那些包袱會重得讓你走不動吧。

所謂「包袱」指的是我們內心牽掛的課題,亦即如字面上看到的重擔。

自從我們踏入社會,便要不停地面對、接受煩惱與不安。不過這些煩惱與不安只是讓我們塞進心靈之箱的深處,重疊堆積而已。

一旦收拾好心靈的包袱,你將事事順心!

首先，你可以增加心靈的能量。

我們擁有任何人都無法想像的強大能量，特別是對喜歡的事、有興趣的事、擅長的事、原本就想做的事，會如泉湧般注入源源不斷的能量。

但是，你會為應該重視的事全力以赴嗎？

你會覺得「亂七八糟的瑣事一大堆，忙到抽不開身」、「沒自信，所以變得消極」、「不論做什麼事都感覺懶洋洋的」嗎？

如果你的內心有很沉重的負擔，便是讓不必要的「心靈包袱」奪走了能量。這些重擔不但消耗你的能量，更讓你無法集中注意力到重要的事物上。

如此一來，與其說發揮能量，倒不如說是浪費能量在不必要的事情上才對。

心靈重擔帶來的不安與恐懼，使你對人產生厭惡與敵意，阻礙你成長的能量。

不過，假如你能夠好好整理心靈的包袱，充分發揮原有能量的話，不只會重獲成果與自信，還會因此享受由衷的快樂，從心底微笑著面對一切。消極的人將會積極起來，無法持續的事也能持續。

收拾心靈包袱實際上和整理東西一樣，應先區分「該保留」與「該捨棄」的東西，然後徹底捨棄不必要的念頭、情緒及行為。一旦了解堆積這些心靈包袱的理由，包袱自然就會消失。

當你的心靈包袱清空時，便可以把真正必要的、想要的東西放進來……。

一旦這個行為養成習慣，我們才會珍惜應該珍惜的東西，快樂享受「當下」的時光。

當你收拾好心靈包袱以後，心情自然暢快，本來就有的能量也隨之湧現。只要你曉得自己的心靈何時會湧現能量、可以把這些能量運用在什麼地方，即使碰到困難，也可以立即調整心態，順勢而為。

其實你原本就有獲得幸福的能力。

一邊整理心靈包袱，一邊儲蓄能量、運用能量……假如心靈的新陳代謝良好，感應幸福的能力就會提高，會變得更幸福吧。

現在，各位讀者已經知道何謂「心靈的包袱」與「能量」了吧？

我們應該怎麼整理心靈包袱比較好呢？為了讓心靈恢復元氣，該如何收拾包袱呢？

讓我們一起來思索這些問題。

Chapter
1

一旦收拾
心靈的包袱，
能量立刻湧現

心靈的包袱是由自己選擇的，
我們不應隨這些包袱起舞，
而應好好整理才對。

01

沉重的心靈包袱會降低你的能量

喚回生氣蓬勃的能量吧！

你感到自己的能量正在削減嗎？

儘管工作與家事堆積如山，卻提不起勁處理。經常一邊拖拖拉拉，一邊卻又感到焦躁難耐。因為精神疲累，導致心緒不寧，注意力無法集中⋯⋯。懶得與人交際，不自覺地想躲開。雖然有事要處理，卻老是往後拖延⋯⋯。

能量一降低，心靈就沒有多餘的空間。不但工作容易出錯，也容易因為別人一句無心的話而受傷。對家人、同事不耐煩；嚴重時，連身邊的人際關係也會產生裂隙⋯⋯。心靈狀態一旦崩壞，要想重建是十分辛苦的。你可能會心情沉重地度過好幾天、甚至好幾個月呢！

實際上，這些「心靈包袱」是會降低你的能量的。

例如，Y小姐被拔擢為某家飾品店的店長。

不但上司期待著：「你一定可以！」連同事們也說：「Y小姐最適合當店長

倘使你想好好運用生命中最重要的能量，
必須學會面對心靈之箱的重負。

了！」甚至還開了就職派對呢！

Y小姐剛開始時雖然精神百倍，可是漸漸地無精打采起來。

「我想，我沒有能力……」

原來她經常在上司與同事中間當夾心餅乾。在無法解決問題、錯誤又不斷發生的情況下，完全失去自信。

她感覺自己與大家心目中期待的店長形象愈離愈遠，最後竟辭去工作。這真是太可惜了。

Y小姐「想要符合大家期待」的企圖心，最後反而變成她「內心的重擔」，奪走她的能量。

現在正為某件事所苦的人，內心狀態可能比實際的壓力還要沉重吧。那是因為心靈之箱很小，沒有多餘空間塞進太多東西的緣故。持續背負內心的重負，會消耗你的能量，讓你失去自信。

這時候就有必要靠整理「心靈的包袱」，去除沒必要的痛苦，喚回生氣蓬勃的能量！也就是說，倘使你想好好運用生命中最重要的能量，必須學會面對心靈之箱的重負。

02

心靈包袱是你自己製造的

原本輕的行李不會變重嗎？

我們每個人都背負一些行李。如同剛剛所說，這個包袱一開始不是別人，而是自己製造的。不管重或輕，都是自己的東西。

「心靈的包袱」指的是我們內心的課題。讓我們思考一下，心中非有不可的物品有多少？應該不多吧。

為了背負不必要的包袱而消耗能量，那只是在浪費人生的時間與精力罷了。

以前工作的職場有一位大家都很討厭的上司，他每天嫌東嫌西，朝令夕改。工作一出錯，就推到部下身上；成功了，則都是自己的功勞……。這樣的人實在無法獲得別人的尊敬。我每天上班前都提心吊膽；下班後就算和朋友聚會，仍然忿忿不平。回家後只要一想到「今天發生了這樣的鳥事」，心中怒火立刻再度點燃，氣得整夜失眠。

然而，前輩K小姐就算在黑暗的職場，依舊一團和氣。

一旦接納，心靈的包袱會輕得像氣球；
但若無法接受，包袱就會像鐵球，重得你拖不動。

「你的遭遇不算什麼。為了差勁的主管生悶氣，完全是在浪費時間。你這樣不是很蠢嗎？像我，只為了自己的目的而工作。」

面對上司經常朝令夕改，她想「這個人就是這樣……」，會留意多等一下，再去處理。所以哪怕有改變，她也不以為苦，開開心心地面對。

問她「哪裡跟我不同」時，她回答說「已經死心」。

「死心」代表「認清」，並且接受現實；也代表不依賴別人，靠自己的決心。相反地，我無法捨棄「主管應該……」的念頭，也就是「無法接受事實」！因此我的心靈背著沉重的包袱，陷入連自己都不知道該怎麼辦的狀態。

心靈包袱的重量，依個人的想法，可能只有一公斤，也可能重達十公斤，當然消耗的能量也就不同。一旦接納，心靈的包袱會輕得像氣球；但若無法接受，包袱就會像鐵球，重得你拖不動。

回頭看，心靈包袱是由自己選擇的，我們不應隨這些包袱起舞，而應好好整理才對。

03

丟掉「想要兼顧」的包袱

不要太過勉強

E小姐是職業婦女，必須一邊養育幼兒，一邊工作。她認為：「身為主婦，當然要張羅全家人的飲食。因此不管工作多忙，一定要親自做早飯和晚飯。打掃和燙洗衣物，也不可以假手他人。」

好高的志向。可是E小姐從此每天背負著「身為母親，不得不……」、「身為妻子，不得不……」的重擔過日子。

最後她因心力交瘁，辭掉工作；接下來又因失去工作而焦躁不安，甚至把脾氣發到孩子身上。

另一方面，同樣兼顧家庭與事業的M小姐卻認為：「想要兼顧家庭與事業，幾乎不可能。工作忙的時候，不妨買便當、滷菜回家，或者去外面吃；同時假如丈夫比較早回家，也可以請他幫忙做家事。」

對她來說，全家人快樂生活，這一點最重要。因此，她讓自己放輕鬆，偶爾

小孩子能夠自由去做「想做的事」，
是因為他們心中沒有負擔。

在家事上偷點懶，也不要緊。

看起來，要不要丟掉「非……不行」或者「必須……」的心靈包袱，這個行為是你可以自己掌控的。

「一定要達到業務目標」、「收到mail，一定要馬上回」、「上司約吃飯不可以拒絕」、「身為上班族，一定要……」、「身為女性，一定要……」……我們經常自己給自己找麻煩，過度增加心理負擔。

但或許這些心靈的重擔，只是我們任性的「理想」包袱。我們受「理想」與「現實」差距之苦，因此顧此失彼，弄得進退兩難。

小孩子能夠自由去做「想做的事」，是因為他們心中沒有負擔。我們大人卻為了「該做的事」、「不得不做的事」忙得焦頭爛額，久而久之，心靈的包袱就變得愈來愈多。

首先，拋開那些束縛自己「想要兼顧」的念頭。先問自己：「是真的嗎？」然後凝視現實，一一面對心中的包袱，予以選擇：「我不要這個東西」、「其他東西比較優先」、「能否減輕一點重量」。

04

若「負擔」小於「喜悅・恩惠」，能量就會泉湧

有的東西增加能量；有的則消耗能量

二十多歲時，一起享受充分自由的女性朋友們，到了三十歲紛紛結婚生子，漸漸失去自由，連見面的機會也愈來愈少。

一位已婚的女性朋友表示：「結婚以後，好像兩手、兩腳、雙肩都被重重的枷鎖綁住。我要照顧孩子、丈夫，還要擔心車子和房屋貸款，跟區公所的人打交道，看顧年邁的雙親、公婆……工作也一樣，做了那麼多年，責任愈來愈重，非常吃力。我感覺責任重到快要把我給壓垮了！」

這些女性儘管口中說著快要累死了，但是不管家事、工作、孩子的活動、遊玩……通通一把抓。

乍看之下，她們好像背了太多的包袱，以致筋疲力竭；其實說不定，這些包袱反而是她們精力的來源呢。

例如生了孩子，多了煩惱；和預期相反的現實生活中，也增添了壓力。可是

心靈的包袱，端賴你是正向詮釋，還是負面解讀。
正向的行李可以帶來能量，負面的包袱卻奪走能量。

隨著孩子成長，做母親的愈來愈有成就感，還可以共享親子同樂的時光，這些正面效果大過負面影響。只要看到孩子的臉，「今天也要加油」的感覺油然而生，立刻元氣百倍！

另外，經濟方面，清償房屋貸款和未來的人生規畫，也叫人煞費苦心。

恐怕有人會覺得：「想到還有二十年的貸款要還，心情就好沉重。」可是相對地，恐怕也有人「因為有了自己的小窩，而更激勵自己好好工作」呢。

這些我們珍惜的東西，不但鼓勵我們，也療癒我們的心靈。

心靈的包袱，端賴你是正向詮釋，還是負面解讀。正向的行李可以帶來能量，負面的包袱卻奪走能量。

只是，即使你對包袱心生喜悅，湧出正向的能量；日子一久，一切變得理所當然，也就感受不到快樂。換句話說，負擔過重時，正負的平衡崩解，就會消耗能量。

當你想到「雖然很辛苦，但是挺開心的，就去做吧」，代表「負擔」小於「喜悅．恩惠」。「負擔」變大的話，會把你壓垮；因此必須不時檢查「喜悅．恩惠」的能量夠不夠。

05

不要浪費能量

增加正向，減少負面

要做任何新的事情以前，都會感到不安。請不要勉強。沒做過的事，代表不「確定」。

例如老闆詢問你，要不要晉升管理職？這表示你之前的努力，老闆已經看到；還可以藉機成長。你暗自在心中描繪出以後擔任管理職活躍的模樣。不過，在高興的同時，一抹不安也湧上心頭——「如果工作量增加，會不會無法兼顧家庭？」「會不會帶不動部下？」「會不會承受不了責任的壓力？」甚至產生「萬一沒做好的話……」這樣負面的念頭。正是這些念頭把「行李」變成「包袱」。

你的行動與心情，隨著你的內心對未來有正面印象、還是負面印象而定。

只描繪正面印象的人，會毫不猶疑地接下管理職。

負面印象比較強的人，應該會認為「我做不到」，而婉拒晉升。

另外還有一種人，一邊朝前想著「試試看」；一邊又顧後，擔心「萬一做不

想要往前行進的你、害怕怯懦的你，你要和哪一個為伴？

好」，這種人就好像一邊踩油門，一邊踩剎車。

說實話，同時抱著正負兩邊的念頭前進，是最浪費精力了。很多人應該都有這種感受吧，好比「想參加資格考，又擔心失敗，所以念不下書」；「想嫁給他，又擔心受不了他的缺點」；「想繼續工作，卻老是紙上談兵」。

你的心裡有兩個你。一個積極進取，「想更開心」、「想更幸福」，想要改變現狀；另一個則消極負面，不想改變，只想維持現況。由於想要保護自己的心情，引發不安，「好可怕」、「真糟糕」，因此拒絕向前走。

有時「慎重一點」、「停下腳步」的判斷是正確的；但是不應該讓不安無限膨脹。

收拾心靈的包袱，有以下兩個重要的步驟。首先，盡量讓自己朝正向思考，放大「希望」的印象；同時，找出面對負面現實的對策，縮小「不安」。

想要往前行進的你、害怕怯懦的你，你要和哪一個為伴？

06

不是「不得不做」，而是「去做吧」

積極整理包袱，就可諸事順利

讓我針對心靈的包袱與能量，舉個例子吧。

每天做便當實在很麻煩。假如只做自己的便當，那倒也罷；問題是要做全家人的便當，會讓人感覺負擔沉重。

不過既然做了，就希望便當看起來美味可口，吃起來不會擔心發胖，而且營養均衡。對了，還可以把做好的便當拍張照片，放到臉書或部落格上。這麼一想，煩躁的心情立刻煙消雲散，快樂起來。一切辛苦都比不上吃的人露出微笑、讚美「真好吃」的喜悅，這份喜悅帶來無比的能量。想著「都刻意做了」，不如先想像喜悅的情景，以往前看的心情，讓能量不斷湧出吧。

我們每天有職場的工作、打點人際關係、家事及育兒，還要準備資格考或學習語言、儲蓄、償還貸款……許許多多「不得不做的事」，其中一定有讓你歡喜、高興的要素吧。

責任和負擔也可以變成正面的力量。

若從正向看負擔，自然產生能量，激發想要去做的動力；可是如果從負面去看的話，一想到要做，就會全身沒勁。

哪怕有事迫在眉睫，也不想去做。工作八個小時，簡直是度日如年。不過，假如你想著「既然要做，就要做好」，或者「把完成這個，當成今天的目標」，八個鐘頭一眨眼就過去了。

責任和負擔也可以變成正面的力量。

只要朝正向思考，你就會「愈有壓力，做得愈好」，「完成某個沉重的工作，格外開心」。

相反地，即使你採取「不要……」的逃避態度，包袱還是會追著你跑，愈來愈沉重，而且不會消失。

除非你願意處理，否則那些包袱會一直讓你感到心力交瘁。直到你下定決心去面對，或是有所覺悟，才有可能擺脫。

重點不是「非做不可」，而是你自己要有「想做」的意志。

只要你想通這一點，一切都將迎刃而解。

你心靈的包袱將隨著你的思考模式，成為奪走能量的負擔，或是給予能量的泉源。

接下來我們將一一探討，什麼是「心靈的包袱」。

07

連一通電話都沒辦法打的人

過度擔心和想太多，最浪費心力

有些人「連一通電話都沒辦法打」。本來早上想打電話，結果一忙就到中午了。找了個理由，「中午人家要休息，還是別打電話去比較好」，不知怎的，好像鬆了口氣。一晃眼就到傍晚，「快傍晚了，對方一定忙著煮晚餐」，就這樣拖到第二天，同樣情況再度重演。拖了好幾天，到了「非打不可」的階段，好不容易鼓起勇氣，做了深呼吸，才拿起電話。

能夠馬上行動的人，會立刻拿起話筒。雖然他們認為「這件事不是三言兩語就能說得清楚」，「想這個問題浪費時間」，但是對他們而言，這件事變成「心靈包袱」。

同樣地，懶惰、做事拖拖拉拉、無法按照計畫執行的人，則被「想太多」與「太擔心」的包袱拖累，以致無法前進。

害怕戀愛的T小姐（三十多歲）就是這樣的人。有位男士表示想跟T小姐交往，T小姐雖然覺得彼此意氣相投，但是，心想：「好擔心他的家庭環境喔！」

瞎擔心、想太多，
徒然讓自己無法前進，失去好機會。

「對方是不是想要結婚？」「我可以結婚嗎？」「休假時間搭配不上，好像很難找時間約會。」總之一大堆窮擔心，使她無法爽快地答應對方。我對她說：「想破頭也沒用。如果不打算繼續交往，不如趁早分手。」結果，「說的也是」，反而讓她積極向前。一年後，T小姐結了婚，現在有了小孩，一家人和樂融融。

瞎擔心是想太多的人的通病。由於內心深處對自己的不安與對他人的恐懼，使他們習慣往壞的方向想。

另一方面，有著「我沒問題」的自信、自我肯定的人，基本上信賴別人和自己，就算失敗也能立刻改正，就可以減少損害。有自信的人，特徵是：永遠保持樂觀、積極的好心情，就能夠立刻採取行動。

只是如果你自覺「好像有阻撓傾向」時，要做好應對的處理。由於「不安」和「恐懼」比實際來得大，你首先要做的緊急處置是，當你無法行動時，試著告訴自己「很簡單，沒什麼大不了」。放輕鬆，效果意外得好。

相信自己，也相信別人，「以平常心對待，沒什麼大不了」，「就算出狀況，也沒有解決不了的事」，心靈的包袱就會變小。

瞎擔心、想太多，徒然讓自己無法前進，失去好機會，將非常可惜。

08

以為「自己做不到」的人
能量如你相信的那樣大

你是真的做不到，還是以為自己做不到？這一點非常重要。

「我都已經這把年紀，不可能的啦！」「我沒那個能力，做不到！」很多人都認為自己做不到。

這句謙虛的話，其實很要不得。

為什麼？因為嘴上說「不可能」、「做不到」的人，就絕對做不到。心裡想著不可能成功，還繼續往前走，等於同時踩油門和剎車。說不定什麼都不想，反而能發揮最大的力量呢！

我確信一件事：人不管處於何種狀態，心想就會事成。也就是說，心中的世界（想像世界），會在現實生活中實現。

你的外貌，例如臉孔、服裝，都會依照你的想法來呈現。當你想「會不會太胖」時，就會覺得自己胖；當你想「我怕跟那個人處不來」時，就會真的和對方

不管多大的願望，都從「試一試」開始。

試試自己有多相信自己。

處不好；當你想「工作好無聊」時，工作就真的很無聊。

只要你真心希望擴展自己的可能性，想要達成自己的心願，就必須丟掉「做不到」這個念頭的包袱。

我最近重新開始已經中斷約三十年的跑步。三十年間，我認為自己「跑不動，也不想跑」。在從車站回家的路上，忽然興起挑戰「跑步回家」的念頭，於是奮力跑了三百公尺，回家後頹然倒地。但是那一瞬間，我感到「試一試，說不定可以跑久一點」，然後「試一試，說不定可以跑一公里」、「說不定可以跑兩公里」……慢慢地增加距離。三個月後，我已經可以跑五公里，而且感到游刃有餘。

我們體內積存的能量超過我們的想像，靠著實際的行動便可以引領出來。先讓「小試一下……」的希望萌芽，然後堅持到底。假如你有一定要達成的目標，不管是什麼，千萬不可以放棄。

「試一試，說不定能變瘦」、「試一試，說不定能做朋友」、「試一試，說不定我也做得到」……不管多大的願望，都從「試一試」開始。試試自己有多相信自己。不需要能夠做到，或者無法做到的理由。只要有「希望」和「信賴」，能量自然湧現。

09

想做「好人」的人

討好別人，不會削減心靈的能量嗎？

另一種人的情況和瞎擔心相似，那就是太愛討好別人。

例如，明明自己的工作已經堆積如山，卻沒辦法拒絕別人的請託，只好照單全收。儘管自己的工作量已經不勝負荷，仍然拉不下臉拒絕。結果，與其說是生對方的氣，倒不如說：「為什麼倒楣的都是我！」落入自我厭惡與疲勞的雙重壓力中。

這種類型的人希望自己是萬人迷，大家都愛他。儘管總是帶著微笑討好大家，內心深處卻有種遭到掏空的感覺。為了配合身邊的人而壓抑自我。這一點在不知不覺中變成沉重的負擔，於是他開始覺得「大家都不了解我」，甚至感到自己毫無價值。

「對不起，今天不行耶。」

為什麼我們連這麼簡單的話都說不出口……？

倘使不說清楚自己的想法，只會讓周圍的人更焦慮罷了。

因為我們捨棄不掉「做個好人」、「做個溫柔的人」這種包袱。「人家都特地來拜託我了」、「對方也很慘呢」、「假如我拒絕的話，那人一定會很失望吧」，總之把對方擺在比自己優先的位置。然後，理所當然地認為，自己在周圍的人心目中是個「好人」。其實，你內心深處害怕的並非「是不是好人」，而是「不想讓別人討厭」。

仔細想一想，你或許並非抱持「為別人著想」那麼單純的念頭；而是「害怕萬一拒絕，就會遭人討厭，只好忍耐接受對方請託」的心情，選擇了「自我犧牲」吧。

你想要討好的不是別人，是你自己。能夠拒絕與無法拒絕，也都是一種選擇。既然是你的選擇，就要負起責任。

想著「不希望遭人討厭」而採取行動，與「萬一別人討厭我怎麼辦」之間並沒有絕對的關係。如果拒絕就遭到討厭，那是對方的問題，你也沒輒。倘使不說清楚自己的想法，只會讓周圍的人更焦慮罷了。

希望你能跟身邊的人建立更真誠的關係，當你要拒絕的時候，請以「事實上……」、「真的……」做開場白吧，這樣會讓對方打開心胸，理解你拒絕的緣由。

10

期待別人的人
只有接受現實，心靈的包袱才會變輕

有一次到餐廳吃飯，打工的服務生送錯了菜。我們要求換菜，這時年輕的男服務生說：「請稍等一下。」回頭去問廚房，對我們說：「你們點的菜賣光了。」沒法子，只好點別的菜。問他：「大概要等多久？」他又回廚房去問，答覆：「大概十五分鐘。」同行的朋友焦躁起來，「去把你們店長叫來！」然後，「你們送錯了菜，難道連最基本的道歉都沒有？沒有的東西就不要放在菜單上啊！還要我們再等那麼久！」狠狠發了一頓牢騷。

這麼說，對朋友有些不好意思。可是，我一點也不會感覺失望或焦躁耶。為什麼？因為這種情形在國外的餐廳其實層出不窮，「打工的服務生難免出錯。」「每家餐廳都有可能已經賣光某道菜，或者要等很久才出菜。」我原本就不抱任何期待；反倒是如果店長請喝飲料的話，還會感動老半天呢。

朋友以自己的經驗為服務品質的基準，因此期待值很高。

因為有「想要……」的期望，就會產生「為什麼不能給我……」的憤怒。

在日本，公車若遲到五分鐘，你就會覺得「好慢」！可是在國外就算遲到十幾、二十分鐘，你也認為「這很正常」。這是期待值不同的緣故。

不過，其實我以前也曾經有過生氣焦躁的經驗。在工作上，對屬下大發脾氣：「怎麼連這麼一點小事都做不好！」對公司則氣惱：「為什麼不重視員工？」不好意思的是，就連跟男朋友也常說：「為什麼不能為我著想？」不知吵過多少次架。

那是因為有「想要……」的期望，就會產生「為什麼不能給我……」的憤怒。可是強行把別人套入自己的價值觀框架，稍不如意就立刻勃然大怒，這種做法一點也不成熟。

只要對別人有所期待，你就會陷入「現實」與「期待」的落差，受到焦躁不安的情緒所苦；而且不管哪一種情緒，都只會消耗你的能量。價值觀的框架就算不是沉重的負擔，也是心靈的包袱，使人活得辛苦。為了自己，更應清楚了解「別人不照你的想法做事，是很正常的」。而且世間就是因為自己和別人各有千秋，才格外有趣。

只有單純的「接受現實」，心靈的包袱才會變輕。

自己的「期待」，要從「現實面」加以考量，才是真的期待。不要企圖改變別人，而是改變自己。

也就是說，對別人不抱任何期待，而是期待自己的心變柔軟。

11

活在別人的世界裡

不使勁也出得來的能量

說實話，我從小就很會爬樹。不只是會，而是擅長，非常擅長。

我喜歡爬上樹，遠眺風景，因此只要看到可以爬的樹，就會使出渾身解數爬上去。

上小學之後，我打算挑戰所有校內及附近的樹。級任導師給我取了個綽號，叫「0.8」。「0.8」的日文發音近似「御轉婆」，也就是「野丫頭」的意思。老師說：「你啊！是學校裡最野的丫頭。」我心裡好得意，還想爬上任何人都沒爬過的高樹，打敗高年級的男生，好證明自己的存在，不負「野丫頭」的封號。

可是旁邊的女生紛紛說：「爬那麼高不害怕嗎？」「掉下來會受傷喔！」「我絕對做不來。」她們用怪異的眼神看著我，我也漸漸覺得「像個女孩子比較好」，「想跟大家一樣」。

之後有一天，我爬上樹後，忽然想著：「我也會從樹上掉下來吧？」結果那

每個人都不一樣，不要恐懼孤獨，
暢快地活在自己的世界裡吧。

一瞬間，我果真頭朝下、倒栽蔥地摔了下來。

不可思議的是，從樹上掉下來以後，我反而鬆了口氣。那是「我跟別人一樣」的安心。之後我不再爬樹，開始和其他女孩兒一樣玩跳繩、打彈珠，但我也很不開心。因為我一點也不擅長，只能悄悄躲在女生堆裡而已。

長大以後，現在的我知道怎麼生活，才不會浪費精力。

假如要給當時的我一點建議，我會說：「每個人都不一樣，不要恐懼孤獨，暢快地活在自己的世界裡吧。」

如果受既定且刻板的印象束縛，就無法自由地想像與行動。

活在別人的世界裡，會漸漸不滿；活在自己的世界裡，會漸漸不安。不管選擇哪一個，都無法十全十美。

我在這裡想要告訴大家的是，依附別人過日子，你將永遠無法消除不滿的情緒；可是活在自己的世界，那種不安卻可以靠自己的力量消除。換句話說，你在自己的世界裡可以提高、發揮能量，盡你最大的能力，就算不「變成」其他東西，至少可以「恢復」本來的自我。

12

喜歡和人比較的人
不可以對事物本質視而不見

有時，我們為了在心裡放進某些不必要的東西，反而丟失更重要的東西。

Y小姐的婆婆有三個兒子，都在當醫生。Y小姐總愛和婆婆比較。

「結婚以後，我也要生三個兒子。我的目標是，希望他們全都考上醫學院。為了當好太太、好媽媽，我一定要拚命！」

有很長一段時間，她都以超越婆婆為目標而努力。

另一方面，喜歡和同期進公司的同事比較的I小姐則說：「當我知道同事晉升為主任時，真的嚇了一跳。這樣看來，只有結婚贏得過她。乾脆找個條件好的老公嫁了，樂得當個家庭主婦。」

不過兩人到最後都有所領悟，「贏過對方又有什麼意義？」Y小姐說：「為了跟婆婆比，我忽視了讓孩子各自發揮才華、一家人和樂融融的生活方式。」I小姐也表示：「長期以來心中只有自卑感，讓我忘了自己有多幸運，以及要追求

請把心思放在你的價值、你的幸福和你所擁有的一切吧。

的是什麼。」

為了比較，你可能失去看見正確事物的「視點」。人受了比較的影響，會失去「找出自我擁有的價值」、「縱觀全面」的視點。

即使掉進比較的陷阱，也不可以忘記事物的本質。為了不失去原本的目的，不成為「迷途的羔羊」，我們必須採取全面性、公平的視點。

我們經常為了配合周圍人們的需求、確認自我的價值，而去跟人比較，但其實一點意義也沒有。不管什麼樣的人都有屬於自己的人生，因此拿自己沒有的去和別人擁有的相比，根本是徒勞無功。

不要再為了贏過對方、為了優越感而拚命吧，那樣只會讓你錯失重點與方向。同時，我們各自有著不同的缺點和弱點，為了這些無法更改的缺點或弱點沮喪，也只是在浪費精力。倒不如把注意力集中在你的長處，不要在意那些弱點。

「那個人有的，我也想要」、「我想要那個人沒有的」，只要你執著於這些念頭，心靈就不會自由地感到幸福，甚至還會自我厭惡起來。

請把心思放在你的價值、你的幸福和你所擁有的一切吧。

13

有欲望的人
倘使不放手，包袱就會愈來愈多

雖然古人常云「人不可以貪心」、「知足常樂」，可是有欲望的女人也活得挺起勁。

想晉升、想談戀愛、想變漂亮、想發展興趣和運動、想去旅行、想出國留學、想結婚生子……人因為受到這些欲望的刺激而動起來，那股想得到手的模樣不僅真酷，而且生氣蓬勃。人有欲望，才會有動能，也才會成長。

如同很多人不只吃拉麵、牛丼飯，也喜歡到處嘗試。不見得一定要吃大餐，但是偶爾嘗嘗懷石料理、幕之內便當也很好。身為人，輕鬆閒逛、到處亂吃是我們的權利。

只不過如果你想要的超出你負荷的能力，也就是「能量小於欲望」，你就會陷入欲望的困境，欲望反而變成你的包袱。

因此，優先順序的判斷很重要。

人有欲望，才會有動能，也才會成長。
人需要有欲望，也需要割捨。

為了培養興趣和取得資格，到處東學一點、西學一點，結果什麼也沒學會，休假日更沒空休息。不但筋疲力竭，應該做的事卻一件也沒做。就像同時和兩個男朋友交往，腳踏兩條船是會翻船的！

你想得到一切，結果反而會失去一切。人需要有欲望，也需要割捨。「想把工作做好」，「也想出去玩」，同時達到這兩個目的，是不可能的。

「想減肥」，「也想吃點心」。這兩個欲望的方向是相反的。「想換工作」，「現在職場做得很順手」，你就會陷入進退兩難的境地。

為了獲得最大的利益，必須有接受風險的覺悟。如果有無論如何都想達到的欲望，專精一致比較容易成功。那些達成願望的人，都有「除了……什麼都不要」的決心，因此帶來很大的動力吧。

話說回來，雖說放手，倒也不是永遠沒有。「等工作結束，就可以去玩」；「等減了肥，就可以吃點心」；「新工作也可以變得順手」，這樣就可以兩者兼得了。「白天專心工作，夜晚專心顧家」，也是不錯的選擇。

目前你能做的只有一件事。就算想換衣服，每一個不同的時間點，穿的衣服也不一樣吧。你也可以依著順序，一一達成你想要的欲望。

14

內心不安的人

為什麼會因不確定而不安？

一位在學校護理室擔任心理諮商師的朋友，說過這樣的話。

許多擔心孩子有心理疾病的母親，一旦聽到ＰＴＳＤ（創傷後壓力症候群）、ＡＤＨＤ（注意力不足過動症）、兒童憂鬱、適應障礙、恐懼症、強迫神經症等名詞，反而鬆了口氣。

人們處於無知狀態時，會不斷地煩惱、不安。「我家的孩子跟別人比，哪裡出了問題？」「原因出在我吧？」「以後會怎麼樣？」「該怎麼辦才好呢？」但是知道病名就知道原因，能夠對症下藥，或許可以治癒……。

有時，「不明」的狀態會使心靈的包袱變重。

例如「不知他的心意」、「不知能不能結婚」、「不知事業的未來」、「不知小孩能不能考上學校」等等，這些幾乎都是由於不確定而產生的不安，因此不知所措。抱持著混沌不明的態度，只會讓你的能量下降。

與其擔心混沌的未來，倒不如掌握確實的現在，好好生活。

然而，根據許多研究報告指出，日本人對「不安因子」的感覺，原本就比其他民族強烈，即使面對相同的狀況也會比較懼怕。這個情況導致日本出現「重視人際關係」、「儲蓄率高」、「謙虛且守禮」、「非常仔細」、「害怕挑戰」、「在意他人目光」、「自殺率高」等正面與負面現象。

平安時代中期流傳下來的平假名字帖中，有一首〈色之歌〉：「色終褪　味亦失　人世間　多無常　高山險　翻越過　易醒夢　莫迷醉」，翻譯成白話文就是：「鮮豔且芳香的花朵終究會掉落，人世間誰又能永恆不變？今天也要越過人生的高峰。美夢轉眼就醒，千萬別沉醉。」這首詩歌的背後，承受著日本多地震、多水災等自然環境的影響，但也同時表達了「我不知道未來將會如何，與其東想西想，倒不如掌握現實，一一越過難關」的決心。

與其擔心混沌的未來，倒不如掌握確實的現在，好好生活。不要選擇「停滯」或「逃避」，請選擇「一步一步地前進」，你將會發現「心靈包袱」變輕了，能量也泉湧而出。

15

要求完美的人

有了逃脫之道以後，心情輕鬆起來

前面我提到開始跑步。不好意思，我很不擅長「持續做一件事」。還記得小時候暑假作業要寫日記，我連著兩學期，都是在開學前才趕出來；長大後也曾下決心「要記帳」、「晚上去健身房」、「一天背三個英文單字」，卻總是三分鐘熱度，不知挫敗過多少次。

不過，最近我找到解決的方法。

這次跑步已經持續了三個月（完全沒感覺勉強喔）。這一次為何可以持續？既不是降低目標，也不是自我催眠，而是我給自己開放了一個條件。

「不必每天跑。」

以前只要休息一天，心想「果然……」就感到筋疲力竭，第二天腰酸背痛；連續休兵兩天的話，便開始自責「我真是個沒耐性的人」；假如休息三天，就自暴自棄地說「不管了啦」，然後舉白旗投降。以前的我，只要有一點與我要求完

可以達成目標的人，不在乎有多少能力，
而是不管摔幾次跤，都能夠站起來，繼續往前走。

美的性格衝突的狀況，便立刻陷入負面情緒，同時失去自信……。

當我決定「不必每天跑」的時候，頓時輕鬆起來。我可以隨自己高興，就算休息一、兩天，也興高采烈地想「今天來跑步吧」。我的目的不是「每天跑步」，而是「增強體力」，因此「不停止」比「持續」重要。為自己建立一條逃脫之道，一旦原諒自己，心情就會變輕鬆。可以達成目標的人，不在乎有多少能力，而是不管摔幾次跤，都能夠站起來，繼續往前走。

另一方面，完美主義者無法半途妥協，重複著「要求完美→做不到」，「反正做不到，乾脆不做」，完全放棄行動。不但與人交往時遲疑，工作上也無法進步。如果完美主義的人房間很髒，那是因為他本來想徹底打掃，卻日積月累地陷入「做不到，所以不做」的境地，而完全放任的結果。

「負氣」就是輸給情緒，太堅持做到完美境地，反而變成心靈的負擔。

「只能完成一部分」、「就算有做不到的地方也不要緊」，承認、原諒自己不完美……只要這麼想，肩膀上的重擔就會感覺減輕。

16

不能丟掉包袱的人

包袱的真面目是「恐懼」

當我們的內心有千斤重擔時，會覺得人生辛苦、毫無力量。人們能夠承受重擔的程度因人而異，也有人說：「不在意的話，負擔就不會變成重擔。」話是這麼說沒錯，能夠做到的話，一點也不辛苦；但就因為無法控制，包袱會牢牢留在心中。

仔細看看，包袱的真面目是什麼呢？追根究柢，其實是碰到某個狀況，產生抗拒，浮現「啊，不要——」的「恐懼」心態。

例如，有人「下週要在公司演講，壓力大到睡不著」。那是「沒準備好的恐懼」、「一開口說話，腦子裡一片空白的恐懼」、「萬一有人提問的恐懼」，種種恐懼交織出的不安。緊張和不安，說不定會讓你胃痛呢。也就是說，你害怕會傷到自己的心吧。

恐懼是察知危險、為了保護自己所產生出來的情緒。不過，假如我們被「恐

那個看起來像獅子的「恐懼」，

其實搞不好只是一隻小貓。

懼」抓住，就無法控制情緒，讓心靈的包袱愈來愈龐大，煩惱也愈來愈深。我們看不清楚現實，失去判斷力，行動力也變得遲緩。

當我們心中感到不安時，一定要有所犧牲。如果受到「對未來的不安」和「對過去的執著」掌握，就會失去「珍惜現在」的心情。其實人生最重要的是「現在」。不必考慮「過去」和「未來」，只想「現在」該怎麼辦——只要你有這樣的觀念，就可以丟掉對負面事物的恐懼；更正確地說，應該是能夠感謝、開心，並且積極正面的迎向一切。「有機會演講真幸運」、「再準備一下就好了」、「只要準備好，其他就不去想了」……盡一切力量，做能做的事，然後以正面的心態接受現實。當你這樣做的時候，心情就會平靜下來。

當你害怕時，你的心靈之箱（世界）就會萎縮變小，看不清楚整體樣態。那個看起來像獅子的「恐懼」，其實搞不好只是一隻小貓。「原來沒那麼可怕」，消除你的恐懼，接受現實，問題意外地非常容易解決哩。

別擔心。我們本來就有讓心靈消除不安、恢復穩定的力量。把過多的恐懼從你的內心丟掉吧。

17

想和別人一樣的人

一心想配合別人，將無法發揮原有的能量

一到夏天，常常看見穿著黑色或灰色套裝的大學畢業生忙著就職，他們的天真爛漫皆已失去，顯得疲憊不堪，彷彿正承受著無比的壓力。

這個情況雖因時代與環境而不同，但是「不能不上班」的焦慮、「擔心做不好」的苦惱、「這樣可以嗎？」的不安，全都無法隱藏。

正好在泡沫時代就業的我，更是感觸良多。我常和同學討論，「只要有公司錄用，我就去上班」、「每家公司都差不多」、「薪水高的比較好」。

現在回想，可能當時我已迷失了方向。由於這樣的心態，我進入第一志願的公司上班，還不到半年，就因「感覺怪怪的」而辭職。其後幾年工作換來換去，定不下來。

由於不知道該怎麼辦，更加想抓住什麼。對社會新鮮人來說，最恐怖的事莫過於「只有自己還沒找到工作」。為了避免這個情況發生，只好「和別人一樣去

你有許多選擇，人生也很長。請不要焦慮。
請不要選擇配合別人這麼簡單的做法，
花點力氣思考，找出自己的答案吧。

上班」。只有極少數人能在時代的大洪流中唯我獨行，剩下來的大多數就只能隨波逐流了。

於是「想和別人一樣」的念頭，不知不覺變成沉重的包袱。你無法好好思考自己的能力與特質，也不清楚自己要做什麼，只能委身洪流，無法發揮既有的能量。然後你會變得更加缺乏自信、更加不安，更加不管什麼都想牢牢抓住……逐漸陷入這樣的惡性循環中。由於你錯認「配合別人的你」是「原本的你」，只能搖頭說「哪裡不對勁」了。

屢試各種方法減肥卻愈減愈肥的人，為了自我開發而花大錢上課的人，感覺事業無望而走入婚姻的人……，不管你想依賴什麼，都將徒勞無功。因為答案不在你的身外，而在你的內心。

你有許多選擇，人生也很長。請不要焦慮。請不要選擇配合別人這麼簡單的做法，花點力氣思考，找出自己的答案吧。如果你想靠自己，必須先了解自己的能力。然後下定決心，選擇「就這樣做吧」，背負選擇的重任，走自己的路。

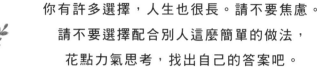

18

心中充滿不滿的人

總是收集包袱的人，其實不是喜歡不幸

有人總是一臉忿忿不平的模樣；也有人老是滿口抱怨，然而他們實際上並沒有比較不幸。真正遭逢不幸的人，若非面對有慈悲心者，或許絕口不會提自己的悲苦。畢竟面對自己、檢視悲苦，是非常恐怖的。

那些經常抱怨的人，可能是希望自己「受人同情」、「受到注意」；也有可能和同儕一鼻孔出氣，口出惡言，想要讓同儕「了解我的心意」，表達「想和你做朋友」的意思，取得共鳴；更有一些人是以自虐的方式「把一切和盤托出」。總之，各式各樣的人都有，當然也有人發揮了加分的效果（或許對別人來說，是麻煩）。

只是，心中經常忿忿不平的人，代表已經「不幸」成癖，或許會變成所謂的「慢性不幸者」喔。

就算實際上沒有不幸，碰到情況仍舊抱怨不滿。我想，只有「不幸」的愛好

不胡思亂想，清掃心靈的包袱，
說不定是很好的修身之法呢。

者，才會刻意收集不滿的情緒吧？

對工作不滿，對家庭不滿，對社區規則不滿，對子女學校不滿，對餐廳不滿，對電視節目不滿，對政治不滿，對社會不滿……只要是用「不滿天線」接收的訊息，通通不滿意。「不給……」、「……好奇怪」、「……很過分」，只要製造出惡人，心情就會平靜。

在對「對方不滿」的背面，潛藏著「感到自己無能為力」的無力感與自卑感。換句話說，把問題推給對方，就不再是自己的問題。以受害者的身分譴責對方，就不會暴露自己的弱點。

例如對社會滿腹牢騷的人，實際上的心情是「想要改變現況，但不知該怎麼辦」。而不論如何都要從不幸的困境中逃脫的人，則有「改變現狀試試看」、「不妨換工作」、「分割清楚」、「尋找正向的事」等解決的動能。

不平不滿過大時，你可能會太過依賴。

這時請自問：「我會不會太撒嬌？」「會不會太被動？」「會不會只看見負面？」

請相信自己，「這樣就好」。不胡思亂想，清掃心靈的包袱，說不定是很好的修身之法呢。

19

如果迷失方向，就無法發揮原本的威力

不知不覺換了包袱的人

我們經常做著做著，忘了最初的目的……。好比，原本為了買某個東西出門，結果卻忙著去大減價血拚；原本是為了想跟朋友聯絡才上網，結果卻沉迷於更新臉書，忙著交新朋友；偶爾才參加的生日宴，結果只顧著吃美食……。我們的注意力在半路受到其他事情所吸引，就像中途換了包袱一樣，我們的目的也半路腰斬。

我們在職場常碰到這種情況，原本進公司的目的是「讓顧客歡喜、獲得利益。我們也從而得到幸福」，可是一旦捲入權力鬥爭和複雜的人際關係以後，上述的目的便煙消雲散。

我們常會將龐大的能量灌注在其他方向，一旦失去目的，就算火力全開，也得不到預期的效果。

我們會因為迷失方向而白花力氣，背負不必要的包袱。特別當行為在下意

請不要忘記最重要的「初衷」。
只要記得最初的目的，
你就會找出最好的方法（手段）。

識「因循苟且」時，更有迷失目的的危險。每日例行的晨會，千篇一律的業務會報、往返公文，和周圍的人行禮如儀，每天匆匆忙忙的行程表……。假如我們停下來想一想，「這麼做是為什麼？」就會清楚「哪些事情該做，哪些不該做」了。

「為什麼做這個工作？」「為什麼念書？」「為什麼想結婚？」「我到底要什麼？」……為了不迷失方向，務必時常確認檢討。

有時目的不只一個，會夾雜著好幾個動機。但是，請不要忘記最重要的「初衷」。只要記得最初的目的，你就會找出最好的方法（手段）。

「我的目的是什麼？」不管工作還是家庭，當你的心中有負擔時，都可以透過這樣的自問自答，去除多餘的包袱。

或許有人會說：「我也不知道，自己是為了生活才工作，還是為了工作而生活？」工作應該只是你的手段，因此沒那麼重要。能夠活得幸福的方式有很多，請不要搞混目的和手段。

20

連自己都不曾察覺有包袱的人

對自己的內心說謊，謊言會變成包袱

前面我們探討了許多種不同的「包袱」，但即使你有什麼麻煩或問題，只要想著「好想趕快解決，變輕鬆」，或者「好想趕快消除壓力」，你的包袱就不會變得太重。人只要有自覺，心靈自然擁有巨大的能量，以及無所不能的恢復術。

尤其是了解應對之道的話，問題自然可以解決。

麻煩的是那些把行李箱的蓋子蓋上，假裝裡面沒有東西的人。

比如K小姐每天從早到晚忙著工作，她很在意同事對她的看法，因此常鼓勵自己「一定要正向思考」、「能者多勞」、「沒有自己的時間，也沒轍」。

但是後來只發生一點小錯，她卻怒不可抑，淚流不止。

「我已經夠拚命了，不可能做更多！」

K小姐意識到自己做的事已經超過她的能力範圍。

還有一位E小姐，哪怕小孩只犯了一丁點錯，她也會暴跳如雷。不過，她真

請留意內心小小的抵抗，誠懇面對每個瞬間
「自己的內心有何感受，想要怎麼做」。

正氣的不是孩子，而是「沒有人肯定我」、「沒人願意幫我」、「沒人了解我」這種莫名的孤獨感。由於掩飾內心的悲傷和不安，她故意表現出「身為母親不需要撒嬌」的開朗形象，才會因孩子的少許錯誤，而引發焦躁的情緒。

像這樣，行動與情緒不一致的話，就會把情緒埋在心底。隱藏的情緒像存款一樣慢慢累積，有一天滿溢出來就會爆發。

請留意內心小小的抵抗，誠懇面對每個瞬間「自己的內心有何感受，想要怎麼做」。允許對自己「示弱」，明白告訴自己「我不如理想」、「我也有弱點」，不也很好？

面對自己的內心，明白「工作真的很辛苦」或「其實我很寂寞」的真實聲音之後，才能找到「現在喘口氣吧」、「找個人談談吧」等對策。

欺騙自己，最侵蝕你的內心、奪走你的能量。

你能誠實面對自己嗎？那是治療心靈和身體的良藥。

21

想丟棄卻無法割捨的東西

由於執著，所以無法割捨

人生何以痛苦？佛教認為：人生之苦在於有欲望、憤怒和種種煩惱。若要解除痛苦，首先必須去除內心的貪嗔癡慢疑。

內心執著於欲望，就會痛苦；放棄執著，就可以從一切痛苦中解放……。道理確實如此。但是儘管明白，卻很難從執著中自由地解放，這就是人性。

例如對於權力的執著、對金錢的執著、對工作的執著、對物質的執著、對名譽的執著、對達到目的的執著、對生命的執著，我們有著各種執著。儘管明白放手即可輕鬆，卻無法輕易放手。

舉個簡單的例子吧。當年紀步入三十、四十……，隨著年紀增長，我們益發難以對自己心中執著的「年輕」、「女性」形象放手。或許是無法面對，自己是以「女人」的身分生活，還是以「歐巴桑」的身分生活吧。

我們努力做到「保持美麗，引人目光，因為我們是個女人」，但是現實生活

有些欲望如果感到辛苦，丟棄亦無妨。
請檢視你心中「欲望」這個包袱，做出取捨的選擇吧。

中，我們已經找不到談戀愛的對象，化妝和服飾也掩飾不了歲月的痕跡。眼看著努力維持的體型即將走樣，減肥愈來愈難。或許很多人在想：「假如丟掉這個『女人』的形象，將會活得多麼快意啊。」

你感覺對岸的「歐巴桑組」正朝你招手。「喂，快來這裡啊。拋棄女人的形象，就會感到很輕鬆喔。」但你有著無法拋棄的苦惱……。不只是「想一直做個女人」的欲望，還有一旦渡河到了對岸、恐怕無法回頭的恐懼。

二、三十年前，女人一旦過了適婚生子的年齡，就會界定成歐巴桑；可是現在女人四、五十歲依舊一枝花。或許再過幾年，可以構築女人即使到了六十歲、依舊很美的新時代。那就太棒了。

背負欲望是很辛苦的。有些欲望儘管辛苦，仍可以忍耐；也有些欲望如果感到辛苦，丟棄亦無妨。請檢視你心中「欲望」這個包袱，做出取捨的選擇吧。

22

有些東西無法輕易卸下

迎向幸福，就會接近幸福

每日思索相同的問題，愈想愈迷糊，找不到解決的方法。結果在泡澡或是坐車時，反而腦海浮現：「對啊！」突然冒出一個很棒的點子，簡直有如神助一般。

不是我自誇，我經常在反覆斟酌寫稿時，忽然注意到：「哎呀！再過幾天就要截稿了，來得及嗎？」當時腦子裡閃過：「是要先跟人家道歉，拖一拖；還是挑戰在截稿日完成？」然後，我通常會選擇接受挑戰。

倒不是因為我有正向力量加持，而是因為我不想跟人家道歉，害怕給別人帶來困擾……。我害羞的個性，居然在這種時刻帶給我無法想像的能量，好像火燒屁股般，燒出前所未有的幹勁。

重要的是，不管多麼辛苦，都不輕易放棄。或許對我來說，放棄的恐怖大過做事的辛苦吧。

「無論如何不願就此放棄」的人，
與其想辦法減輕或丟掉負擔，
反而是想盡辦法增強體力，好能背負重擔吧。

可能大家都有類似的經驗。愈做不好或辛苦的事，你就愈執著，抓著不放。然後當你感到筋疲力竭、想要投降，忽然幸運之神降臨。什麼都不做，幸運之神是不會憑空而降的。

往更深一層說，一流的運動選手除了要有相當的天賦，還必須有所執著，才能贏得比賽、創新紀錄。能夠發表世界性研究結果的學者，必須比別人更堅持，才能有新的發現。所謂成功者，都是歷經無數次的失敗，仍舊堅持到最後的人。「無論如何，不願就此放棄」的人，與其想辦法減輕或丟掉負擔，反而是想盡辦法增強體力，好能背負重擔吧。

在中國話裡，「安心」也叫「放心」，也就是將心解放的意思；至於「擔心」則是心中有負擔的意思。

同時，放棄也叫「死心」，心死了，一切終了，心的能量也就歸零。

23

心靈包袱一旦承擔，就會變輕
不過度追求包袱的意義

以前人們認為了不得的事，現代人雖不至於嗤之以鼻，至少不會當作大事。以我為例，做麵包、準備短程旅行、採訪各式各樣的人、寫好一本書……剛開始做時，每件事似乎都很困難，可是做過一次以後，便覺得「也沒什麼嘛」。

同樣地，有些事在當時是「煩惱得不得了」的大事，等做完之後再回頭看，那就像一枚勳章，雖然很小，卻是足以自豪的表徵。例如非常糟糕的人際關係、過於苛刻的工作條件、失戀時天天哭到天亮……狀況不斷改變，一旦有了安然度過的經驗，再發生類似的狀況時，就不會感到那麼恐怖。

接下來要說的狀況儘管不同，不過每當我遇到歷經戰爭並體驗過生離死別的人、非常辛苦且獨自養育眾多孩子的母親、戰勝病痛或車禍意外的人，都會感到他們散發出不被輕易擊倒的強悍。他們大多誠實且開朗地活著，擁有寬廣的世界觀。大概他們在下意識知道什麼事最重要吧。對他們來說，只要他們肯負擔心

人生如果切取某個時段來看，不見得公平；
但從整體來看，是公平的。

靈的包袱，就會變輕。固然是因為負擔重物的肌力變強，也是因為面對不同的包袱，只要程度差不多，就有自信說「我可以背，沒問題」吧。只要有一次背負重物的經驗，便可擴展自己的可能性。

另外，年輕時事情比較無法照自己所想的進行，可能事事不順利。要記憶工作的內容、學習工作的技巧，這些都需要很多能量，有時會讓人坐立難安。另外，如果和其他事少錢多的人相比，反思自己百般努力與忍耐卻成果不彰，也會讓人產生「這樣下去有什麼意思」的困惑。

但是，請不要太過追求眼前包袱的意義吧。

某段時間的盡心盡力、傾己所能地追求某樣東西，暫時雖無回報，終究會有回饋的一天。相反地，假如你追求享樂人生，依賴別人生活，則會限制你的可能性，等到老年吃苦，就想哭都哭不出來了。

人生如果切取某個時段來看，不見得公平；但從整體來看，是公平的。

24

做自己喜歡的事，讓能量泉湧
思考心靈能量從何而生

我想在這裡談談本書常說的「心靈的能量」。

我們身邊有些人能夠隨時吸取新能量，解決問題；也有人做不到。有人每天心滿意足地過日子；也有人每天都在不安不滿的心情下生活。有人皮膚光澤、雙目有神，看起來很有精神；也有人看起來有氣無力，好像非常疲倦。這是內心的能量表現於外的關係。

哪裡不一樣？我們天生擁有的能量並無不同，但是「產生能量的方法」與「使用能量的方法」不一樣。

首先來看看何謂「產生能量的方法」。

你什麼時候會感到能量泉湧？

當你埋首於喜歡、擅長、想做或感興趣的事情時，會廢寢忘食，那時的你有「嘗試可能性」的自我實現、「想被認可是一個『人』」的自我承認等欲求吧。

思考你的能量從何而生，
那是激發你原本欲求與能力的方法，
也是尋求幸福的道路。

那種滿足你自我的欲望、品嘗喜悅的「快感」，便是刺激能量泉湧的關鍵。

不只這些積極引發能量的因素，類似「絕對不要這樣」的背水一戰、「再也不要」被逼得走投無路的心情，也都能激發很大的能量。不過，這些能量是為了幫助我們躲避危機，因此伴隨著恐懼與不安的情緒，最好不要輕易嘗試。

日常生活中最重要的是，從正面的「快感」引發的能量。

「什麼樣的事會讓我開心？」「什麼樣的世界適合我？」了解引發「快感」的因素，就能輕易激發能量。雖然我們的生活充滿討厭、辛苦的事，但其中也有喜悅、快樂等帶來快感的事吧。若你肯下工夫去導引「快感」，就會減輕心靈的重荷，刺激能量產生。討厭的事若不情不願、氣呼呼地做，只會更削減心靈的能量。

能量強的人有明確積極的目標，願意面對自己的欲求。思考你的能量從何而生，將對你整理心靈的包袱很有幫助。那是激發你原本欲求與能力的方法，也是尋求幸福的道路。

25

運用能量，將人生轉換到好的方向

了解如何在現實中發揮能力

知道產生能量的方法以後，還有一個要點。

那就是如何讓這些能量「運作」。倘使不知道怎麼運用能量，就算產生出龐大的能量，也沒有用。

比如，你會做蛋糕，就想著：在男友生日那天親自做蛋糕，配上頂級紅茶，在自己家裡舉辦生日派對，應該是最浪漫的了。然而你忘了男友討厭吃甜食，當他說：「不要吃蛋糕，我們去吃拉麵吧。」你就算責備他：「我好不容易才做了蛋糕，你怎麼都不懂人家的心意！」也沒用。其實你應該把會做蛋糕這項才能用在別的地方，找出其他讓男友心花怒放的方法才對。

另外，在職場常見明明有能力、也有企圖心的女性總是空轉。她們做著自己喜歡的工作，也相當有才華，卻老是自責：「我為什麼都做不好？」或是責備別人：「為什麼這樣對我？」……她們諸事不順的最大原因是「看不清楚」現實。

人愈感受到自己的能力，

愈能湧現新的能量。

由於對方不會改變，即使現實不如你意，也要認清這個事實。然後以冷靜的態度觀察，思考我是否可以在這裡成功（讓能量發揮）。不是沉溺於「我沒有能力」、「不適合我」等自我否定，而是積極思考「我只是還沒找到成功的方法」，因此在這方面下工夫。如此，你心靈的包袱就不會阻礙你前進。

如果別人對你的要求與你擅長的一致，就像發電機裡的電池充飽了電，運轉動力十足，不但能量轉變成為好的結果，包袱也清掃一空。

相反地，儘管有能量，但如果沒有「讓自己歡喜」、「有用」、「成功」等感覺，只會不斷地加重心靈包袱，不但消耗你的能量，讓你失去自信，也失去動力……陷入惡性循環。

人愈感受到自己的能力，愈能湧現新的能量。聰明的女性心靈是柔軟的，她們面對、認清現實，並對這樣的現實發揮能量。只要你知道「產生能量的方法」和「如何運用」，便可將人生轉換到好的方向，在與現實共存的同時，也做到自我實現。

Chapter

2

整理
心靈包袱
的方法

假如心靈要背負包袱，
那麼選擇適合自己的包袱，
能量才會湧出。
不管選擇哪一條路、
選擇哪一個東西，
不管何時何地，
你的心就是你的路標。

26

這是你真正想要的，還是現在想要的？

為了珍惜重要的東西，必須懂得捨棄

我在當服裝店店長時，上司曾給我這樣的指令：「購買有百分之九十是出於衝動，因此你要打造一個能夠引起衝動的賣場。」

說百分之九十，可能有些誇張。不過觀察客人的行為，的確如此。直接衝到想買的櫃檯的人很少，絕大多數都是抱著「看看有什麼好東西」的心情，到處閒逛，就算已經買到想要的東西，還是會全部逛一圈。然後，「哎呀，這件襯衫看起來不錯，雖然不是原本預定要買的……」看中意，就買下來。還有的客人更好，「再來想找件顏色可以搭的小可愛」，於是往下一個目標出發……。

店家當然希望把賣場布置成能夠刺激購買欲的地方，說著「多謝清庫存」，將目標商品銷售一空。

但是站在消費者的立場來看，也會產生「又在浪費錢」、「忘了買重要的東西」、「這個月的零用錢都花光了」等困擾。

對某件東西「放手」，代表你「獲得」另一件東西。

我們的悲劇皆因選擇「現在想要的」，忘了「真正想要的」。人類的行為原理依據直接面對「快樂」與「不快」等刺激，產生的立即反應而來。比如只看到眼前的事物，便投注金錢、時間和精力，忘記原本的願望，造成心靈的負擔。也就是說，我們為了不重要的包袱，拋棄重要的包袱，心中徒留不滿與不安。

首先，讓我們誠實面對自己的內心，了解「真正想要的」是什麼，下定決心「捨棄」路上所有不必要的東西，這是整理心靈包袱的第一步。

例如，若你想「無論如何考試都要及格」，就不要浪費時間看電視；若你想「追求想做的工作」，就不要受眼前收入或待遇的誘惑；若你想「珍惜愛人」，就不要一味指責他的缺點；若你想「過愉快的生活」，那就把焦躁不安的根源逐出心靈……。只要知道對自己而言何者為重，那就夠了。「只要最重要的事能獲得滿足，其他都無所謂」，你自然會懂得放手。

對某件東西「放手」，代表你「獲得」另一件東西。只要我們能確實珍惜重要的東西，不受眼前刺激的誘惑、不隨波逐流，就會感到幸福。

27

如果不丟掉心靈的包袱，就無法接納新的東西
倘使心靈沒有餘裕，包袱就會滿溢

你雖然想「為了資格考試，從今天開始，每天念一小時的書」，但實際上沒那麼簡單。起先還能照著時間表念書，漸漸覺得麻煩，同時感覺時間愈來愈不夠用。當我們想在原本的生活中加入某個新習慣時，就要捨棄原本占據時間的其他事物。

比如原本兩次的散步要減少一次，或利用通勤時間在車上看書，你必須找出一整套改變習慣的方法。

存錢也是一樣。例如為了某個目的，打算「每個月存五萬塊」。可是光一味節省開支，日子一久就會疲累，反而更加滋生想要奢侈一下、胡亂購物的衝動。由於收入有限，若真想節省，不如做出整套計畫，好好量入為出。例如不要開車而改騎自行車、午餐原本外食而改吃便當、花多少錢就存多少錢等改革。

「心靈之箱」經常處於滿溢狀態，倘使捨不得丟，就裝不進新的東西。

為了製造新的喜悅和能量，

或許應該不時清掃心靈之箱裡不要的東西吧。

隨著年歲漸長，有人會受「我已經老了」、「只會做這些」等牢籠禁錮，漸漸與社會脫節。但也有人永遠懷著好奇心與新鮮感，活得精采多姿。前者的心靈恐怕會僵化，後者的心靈則可以新陳代謝，把不要的舊東西丟掉，才能裝入想要的新東西吧。

有一位占卜師朋友曾說，許多女性來問，愛會不會復活？

例如有人來問：「雖然和他已經分手三年，卻一直念念不忘。如果跟他告白，會成功嗎？我可以跟他結婚嗎？」若婉轉地告知：「你和這個人之間好像沒有緣分。」甚至有人還會要求：「倘使他不能娶我，那就讓他遭遇不幸吧。」

占卜師朋友給所有女性的建言是：「不管吃多麼美味的食物，若排不出來，很痛苦吧？愛情也是一樣。如果緊守著過去已經腐敗的戀情，不丟出去，就沒有位置讓新的愛情進入，你也沒有留意新戀情發生的餘裕。唯有放掉過去，才能擁有美好的未來。」這不只是占卜師，更是身為女性的心聲吧。若能確實實踐，「預言」就會成真。

執著於不是為自己而想的念頭，這些執著會變成心靈的包袱。為了製造新的喜悅和能量，或許應該不時清掃心靈之箱裡不要的東西吧。

28

創造時間的餘裕

享受什麼都不做的悠閒也不錯

我認為所謂幸福，不是指你處於某一種狀態，而是指你有沒有能力去感覺幸福。「幸福」、「不安」和「恐懼」由於沒有實體，只能憑感覺。不論碰到什麼事，我們身邊藏著許多讓人感到幸福的「種子」。例如吃到媽媽親手做的料理，因為「懷念這個滋味」而大受感動；看到櫻花齊放，感動於「落英繽紛真美」；看到電影有快樂結局，把感情投射進主角，興奮地想：「我也會有好事發生。」其他像「快樂」、「開心」、「有趣」……這些振奮心靈、品味日常生活的正向感受，便是幸福的力量。原來幸福就隱藏在理所當然的事物中。

可是當你處於緊張狀態時，便會失去感受幸福的能力。特別是當你感覺有一堆「非做不可的事」占滿你的時間時，你的觀察力、想像力都會變弱。所以時間的充裕就是心靈的充裕。心靈之箱中如果塞滿亂七八糟的東西，就會失去感受性。

常見電車中許多人忙著發簡訊或玩電動，他們應該是為了打發時間，手才

幸福就隱藏在理所當然的事物中。

停不下來吧。然而反過來想，搭車時間不正是讓你喘口氣的悠閒時光嗎？看著乘客穿的衣服、聊天互動、來來去去的樣子，以及窗外的景色，應該都會讓你有所感觸。即使是「斜對角的男生看起來很帥」這樣的品頭論足，都應該比玩智慧型手機來得刺激。休假日不要把活動排滿，不妨什麼事都不做，偷得浮生半日閒，待在公園裡，感覺一下季節更迭，不也很有趣嗎？或許這是你用客觀的角度，審視自己的機會。想像獨自一人遊玩，說不定會湧出打開眼界的快樂力量，讓你的心靈柔軟。

另外，人生訂定計畫，並且逐一實現，這點固然重要，但「享受過程」更加重要。追逐著「好像很有趣」、「真想試試看」、「好想跟那個人做朋友」的欲望之波，順勢而下，抵達任何可以到的地方，然後再等待下一個決定方向與目的的浪頭……在這樣反覆的過程中，你說不定可以到達一個出乎預料的不可思議之地呢。

不要想太多、做太多計畫吧。為了感受現在的幸福，享受未來的展開，就算偏離計畫又怎樣？創造時間上的餘裕，讓心靈變輕鬆，才可以看到新事物，也自然會湧出新的能量。

29

選擇適合自己的東西

問自己：「你心裡真正要什麼？」

我在二十多歲，不，甚至三十多歲，都不清楚自己要做什麼、能做什麼。因此到處碰壁，不停掉進陷阱，遭遇許多挫折。我不只在工作，連戀愛、人際關係、遊玩、穿衣、休閒等方面都為了投別人所好，不斷嘗試「修正自己」，然而效果卻不如預期。搞得我愈來愈不清楚自己想要什麼。當我計較「正不正確」、「是損是得」、「輕鬆還是吃力」，並且依照應不應該、得失多寡來選擇時，結果「好像有點不對」的鴻溝橫亙面前。

那時我恰好聽某人教導一個方法——每天晚上睡覺前，問自己一個問題：「你心裡真正要什麼？」

一開始你可能會欺騙自己，或因為在意周圍的看法（雖然是對手），不敢提出自己的主張，可是經過反覆質問，就會漸漸明白自己的真心。就連遇到猶豫不決的狀況時，也能很快找出答案。

選擇讓靈魂歡喜之道，
不勉強自己，就是生存之道。
你的心就是你的路標。

睡前自問，問題容易進入你的潛意識，說不定會將你導入讓靈魂歡喜的方向。所謂「靈魂」，與其說是「心情」，不如說是「本質」。因此，若選擇讓靈魂歡喜，那麼這個方向應該不會錯。如此能量自然湧出，就算前方有困難，也可以輕易越過。更不可思議的是，你會感到連身邊的人、自然、宇宙都成為支持的力量。

假如心靈要背負包袱，那麼選擇適合自己的包袱，能量才會湧出。所謂「好工作」，指的是適合自己的工作；所謂「好朋友」，指的是適合自己的人。年輕時就算迷失在生活方式、時間與金錢的使用方式中，年紀漸長，自然會在適合自己的波長中穩定下來。選擇讓靈魂歡喜之道，不勉強自己，就是生存之道。迎合那些與你不合、討厭的人或事，只會讓你的心靈能量降低。做喜歡的事、擅長的事、想做的事、有興趣的事，自然能量湧現，活得生氣蓬勃。當你誠實面對什麼該丟棄、什麼該保留時，請務必擦亮你選擇包袱的「審美眼光」。

最近聽到這樣的話：「努力的女人最美。」自然界的花朵，因為努力長大、開花而美麗。同樣地，捨棄不要的東西，將自己的能力與魅力伸展到最大的女人，最美麗。不管選擇哪一條路、哪一個東西，不管何時何地，你的心就是你的路標。

30

不要自己束縛自己的心

何謂真正的自由？

「自由的生活」，我想，這是我前半生的座右銘。

二十多歲時一邊工作，一邊想：「何時可以掙脫金錢的束縛，自由自在地生活？」由於沒錢一切免談，所以我為了賺錢，拚命工作。

等到了三十歲，幸運賺到一桶金時，赫然驚覺：縱使有錢，時間卻已被綁住，無暇自由運用。於是我開始摸索怎麼做，才不會犧牲「時間」的自由。與時間自由相關的是「場所」的自由和「人際關係」的自由。我認為，只有減輕「心靈的包袱」，才能不受各種制約的束縛。

這個例子或許比較極端，但我真的對卡通《嚕嚕米》中史利奇（Sunfkin）的生活方式有同感。史利奇只有釣竿和口琴（我只記得這些……），冬天旅行到南方的某地，春天再回嚕嚕米河谷。由於沒時間，想做的事必須馬上去做才行——那是一種在孤獨的瞬間，不帶包袱的生存方式……。史利奇曾經說過這樣的話：

如何擁有自由且優美的心靈？
不要自己綁住自己的心，做個深呼吸，綻放笑顏。

「重要的是，你知道自己要什麼。」

當四十大關迫在眉睫，我這才驚覺：僅只一次的人生快過一半，想做的事都還沒開始呢。

可是，我發現在追求自由的這段時間，之前未有的「包袱」竟悄悄出現。由於那是想做的事的代價，因此歡喜做甘願受。不過，我們會不會為了追求自由，在不知不覺中受到「自由幻想」的控制呢？也就是為了追求理想的生活方式而受其支配，甚至失去自由？

現在回想起來，小時候處處受限，卻也處處自由。在非洲或亞洲貧窮地區生活的人，是不會想到「要自由」什麼的吧？或許人在意識到「自由」的同時，也遭不自由的枷鎖綁住。

永遠孤獨的史利奇說：「自由不代表幸福。」

人只要活著，就沒有完全的自由。我們各自活在各自的自由陷阱中，重要的是，與其講究狀態是否自由，不如講究狀態是否明確。如何擁有自由且優美的心靈？請考慮這樣的生活方式吧：不要自己綁住自己的心，做個深呼吸，綻放笑顏。

31

背負包袱的力氣自然增加

不要從現實逃開

大約十年前，我在一個支援柬埔寨孩童及青少年的非營利組織工作。還記得當時造訪貧窮的農村，深受他們開朗、生氣蓬勃的樣子感動。就連幼兒也需要工作，幫忙維持家庭。他們露出閃亮炫目的笑臉，說著：「好開心能夠上學！」「能跟大家一起玩，真幸福。」「希望有一天能到日本工作。」哪怕只有少許食物，大家也會說著感恩的話，並且平分。大概是受艱苦內戰和佛教的影響，我確信柬埔寨的人們「不論遭遇任何環境，都能開心過日子」。

後來其中有一個青年確實來到日本工作。過了一段日子，他臉上的笑容完全消失。我想，大概是職場太辛苦了吧。

「日本人為什麼這麼冷淡無情？」他流著淚悲嘆，「我好想馬上就回柬埔寨，可是沒有錢。」原來人生活在貧窮的環境中，依舊感覺開朗、幸福，是因為溫暖的環境，以及大家都同樣貧窮的緣故啊。

一旦沒有逃避現實，
背負起上天賦予的包袱緩緩前行時，
包袱便失去原本的重量。

他說：「再忍耐一陣子試試看吧。」過了幾年，我再度碰到他，這次笑容回到他的臉上。他除了白天的工作，還幫餐廳洗盤子，存了一些錢，到ＩＴ專門學校念書，正要去一家大公司上班。「我打算為柬埔寨和日本的企業，構築一座橋。」他說出自己的夢想，笑容再度閃閃發光。聽說他交了許多日本籍的好友，也找到溫柔的女友，真是太棒了。

當人生不順遂時，我們當中大多數的人背負著沉重的包袱。不過如果說包袱太重就全部丟掉，這樣也不對。我們漸漸習慣包袱的重量，說不定有一天，突然發現包袱都不見了。這個年輕人沒有逃避現實，當他背負起上天賦予的包袱緩緩前行時，包袱便失去原本的重量。

心靈的包袱不會永遠沉重。現在彷彿要壓垮你的重擔，總有一天會變輕。一邊想著「是這樣啊」，一邊面對眼前的現實；一邊想著「總有一天會美夢成真」，一邊朝著希望前進，背負包袱的力氣自然增加。

回頭看，你會產生「我也能做這樣的事」、「已經來到這裡了啊」的自信，也會有非常大的存在感吧。

32

把目標依據現實分割成小塊

追求遠方的東西，會減弱你的能量

以前在帶領接待員時，曾經找資深的接待員來做新人的訓練。我以為看到資深者華麗的演出，不但可以提升士氣，也可以快點記住工作內容。結果竟然與我想的完全相反。新人看了之後垂頭喪氣，紛紛表示「我做不到」，一連好幾天都有人辭職。現在，我會找才進公司幾個月的接待員，來帶新進員工的訓練。如此，新人不會感覺與自己的差距太大，有逐漸成長的空間；而來了幾個月的前輩，也可以趁機對工作有更深一層的了解，真可說是一石二鳥。

換句話說，看到「不努力固然做不到，但只要稍微努力一下，就可以做到」的對象，因為水準不會太高，就會有也想試試看的企圖。

倘若訂下太大的目標，人們會認為「自己做不到」，意願和自信也會消失。人們只要感覺困難，實際的難度就會提高。不過話說回來，目標太簡單，戰鬥意願會下降，人也不會成長。因此作為目標的對象，能「稍微伸長脖子」就搆到是

沉醉夢想，活在現實……
人就是因為具有這樣的兩面性，
心靈的能量才能源源不絕地湧出吧。

最好的了。

學習和工作的目標設定方式，亦與此相同。偏差值四十五的高中生，給他考最難的大學入學考題，他很快就會投降放棄，因為他完全看不到一絲一毫合格的機會。這時不如從「稍微有點難」的程度開始，讓他產生「可以做得到」的自信，逐步提高他的自信心。一旦減輕心理負擔就會有所感，引領出幹勁與完美表現。

我們看時裝雜誌時，就算想效法「時髦、賢妻良母、事業女強人……」的完美女性，卻感覺力不從心。這時倒不如從身邊找出有部分可以效法的女性，當作你的模範，說不定她對你的影響更大哩。我的意思是，把目標依據現實分割成小塊，可以提高工作效率。

不過，這麼做只會讓你在現實上達成接近的目標，好像有點無趣！人生還是要有「不知何時可以做到」那種非現實的浪漫理想，和「來試試看吧」的興奮熱情，才會快樂吧。許多描繪夢想的想像，隨著小目標的達成，經過長時間的累積，美夢亦可成真。

沉醉夢想，活在現實……人就是因為具有這樣的兩面性，心靈的能量才能源源不絕地湧出吧。把志向拉高，把目標降低，分小階段試試看。

33

失敗將導入下一個成功

不論失敗、悲傷都可以化為成長的能量

人們通常以為，如果是自己擅長的工作就沒問題。殊不知這時反而容易掉進陷阱。

以前聽過某位腦科專家說：「人的腦子容易記得失敗，忘記成功。」我很認同這句話。如文字所述，成功的經驗由於在複製上沒有問題，因此沒有必要記憶。可是失敗的經驗是為下一次試煉做準備，因此你的大腦會牢牢記住。

正因為有失敗的記憶，人類才會進化，並且生存至今。假如腦子裡只記得成功的事，人類將處於無知狀態，沒有任何防備，說不定早已滅亡。

偉大成功的背後，潛藏著無數次的失敗。如此想來，我們應該感謝苦澀的失敗記憶呢。

同樣地，沒有人願意記得「悲傷的回憶」，自願投入悲傷、懊悔、苦澀、辛勞的回憶中，可是人們卻在不知不覺中捲入這些回憶。由於有這些負面情緒，

成為心靈包袱的大小事物，
全都是我們的心靈之糧。

我們可以知道別人的心情，使喜悅歡樂倍增。如同每天放假很無聊一樣，完成一件辛苦的大案子之後放假休息，那才是流著眼淚、享受喜悅。如此想來，我們也要感激辛苦的事哩。換句話說，成為心靈包袱的大小事物，全都是我們的心靈之糧。美國印第安流傳著這個故事：

在某個村子裡，有一隻年老的驢子掉進一口乾涸的井中。飼主爺爺就算想救也無從救起，為了防止以後不再發生類似的意外，只好含淚用土把水井填平，連驢子也一起埋起來。當大家開始往井裡倒土時，驢子察覺事情不對，放聲悲鳴；但是接下來，牠停止大叫。原來，每當泥土落在驢子的背上時，牠就會挪動身體，把土抖落腳邊，然後踩在土上。土愈落愈多，驢子也隨著愈升愈高。最後驢子竟然升到井邊，牠跳出井，咚咚咚地不知跑到哪裡去了。

這個故事的意思是說「不管發生任何事，都是你人生的踏板」。我們是否應該像故事裡的驢子，既不依戀飼主爺爺，也不責備他，而是咚咚咚地跑掉，好像在說「我要去走自己的路了」，來得痛快？不管發生什麼事，都不要回頭，咚咚咚地往前跑吧！

34

增加「愉快感受」的機會

交互運用「愉快」和「不快」的感受來維持動機

開始慢跑的頭一個月，我有時會想偷懶。

這時推薦各位使用智慧手機上的跑步軟體，對跑者的心理有很大的激勵作用。跑的時候，手機會不時發出「一公里囉！時速〇公里」的聲音，還有「加油」等拍手和加油聲；跑到中途點，則會響起鼓舞士氣的進行曲；抵達終點時，則會有不知為何模仿大阪腔的原運動選手的聲調做出講評：「恭喜你，又創下新紀錄！明天繼續加油！」之類。每天的紀錄列成圖表，一目瞭然。還會幫你向附近差不多時間的跑者下戰書，兼做比賽距離與時間的計畫書。不，手機是不會真的送戰書的。

褒獎、慰勞、評價、達成、紀錄、音樂、競爭，這些都是提高動機的「愉快感受」構成要素。難怪我的路跑之友們常說：「假如沒有手機跑步軟體，簡直跑不下去。」世間有這麼方便的東西真好……。

交互獲得「愉快」的鼓勵和「不快」的刺激，
是支持自己繼續地動力。

我們若要持續做什麼事（例如工作、念書、嗜好、運動、婚姻等），為了能夠維持持久的動機，就要增加快樂、愉悅、有興趣等「愉快」的情緒。

例如運動選手要在比賽前，反覆模擬優勝時的情景；高中生在聯考前想「大學生活似天堂」；想減肥的人必須能把「瘦下來的話，我就是無敵美女」的影像深植心中。朋友夫婦在客廳放了一對微笑老夫妻的雕塑，就是希望「老了以後，能像他們一樣」，這些做法應該都很有效。

一路上持續不斷告訴自己「能到這裡真棒，給自己鼓勵一下」、「品嘗達成紀錄的快感」、「和同伴互相稱讚」，這些都是增加「愉快」心情的好方法。每當我碰到不得不做的大案子時，就會「關在飯店裡，享受馬殺雞」，在「苦」中找「樂」。

只是「快感」作戰的次數一多，效果便會逐漸下滑。進入懶散期時，「不服輸」、「這裡停下來的話，以後會懊惱」、「停止的話，好可惜」之類固執、賭氣、執念等「不快」，也是提升動力的必要方法。當你擺脫這些情緒時，才會產生「我做得不錯」、「沒問題」等自信與自傲的「快感」。交互獲得「愉快」的鼓勵和「不快」的刺激，是支持自己繼續的動力。

35

能量隨著行動湧出

總之，先從簡單的事做起

工作時，是選擇做你喜歡的事，還是喜歡你正在做的事？我一定會選後者。我們時常被迫處理那些辛苦、不拿手的工作，然而做過之後發現，其實還滿有趣的，於是愈做愈順手。

不過，就像「不知不覺中愛上不是好對象的男人」，深入工作以後，萬一要踩剎車，內心會升起劇烈的抵抗。

「今天先包容一下！」不管什麼樣的工作或男人，都有缺點和優點。當你不得不面對時，請先從簡單的、喜歡的部分開始。

我還是上班族時，「不管怎樣，先去公司上班（別浪費休假），晚上再去打牙祭」，固然是把重點放在「去上班」的行為，但很多上班族的女性就是靠這樣撐過來的。把標準降低，先從簡單的做起，你會找到樂趣。不要光在腦子裡想，「不管怎樣」踏出第一步最重要。只要開始做，說不定就會沉迷其中，樂此不疲

當你無法前進時，請自問：
「我現在能做哪些事？」
一小步、一小步地進展下去。

了呢。

當內心升起抗拒的反應時，你會先在腦子裡描繪出虛幻的空中樓閣，「我怎麼可能攻下那座樓閣？說不定還會遭到反擊」，任由自己陷入恐懼的境地。

前幾天，有一位在雜誌編輯部工作的女性說：「半年前，我為編輯部的異動感到非常惶恐。我才剛上班，不知道該怎麼做才好，情緒十分低落。這時，同期的女同事鼓勵我：『從會做的事開始嘗試！』我想，她說得很有道理，便先找能做的事情開始一一處理，居然進展順利，就變成現在這樣。只要保持這樣的心情，自然可以開展自己的道路。」

這真是太好了。能量隨著行動湧出。除了這個方法，還可以試試看：「不想清掃」→「只清掃一個角落就好」；「回mail好麻煩」→「只要回一句話就好」；「和那個人處不來」→「先試著聊聊天吧」。當你無法前進時，請自問：「我現在能做哪些事？」一小步、一小步地進展下去。

36

了解自己什麼事能做，什麼事不能和自己的能力商量，有時放棄比較好

我曾經和一位二十六歲的台灣研究生聊天，他在念日本語學校——「我想做建築師。原本打算念完碩士、當一年兵之後，到日本的專門學校念建築。這個夢想是不是太天真了？」

哎呀！這不是很棒的夢想嗎？他從以前便對日本的現代建築很有興趣，因此設定自己的目標，真是太棒了。我告訴他，我非常贊成。我認識的人當中，也有人在二十六歲轉行，當上設計師。改行一定有其意義。

可是他的家人、老師、朋友通通反對。他們以自身經歷為例，給予不同的建言：「都二十六歲了，應該面對現實，不可以再作夢。」不過，下決定的是當事者本人。假如大家都說停止、而你就開始動搖的話，最好停止。如果放不下，那就乾脆去做。

我碰到類似的諮商時，只要沒有明顯的反對教材，便會說：「那就試試看

如果不嘗試使用，就不知道自己有什麼樣的能力，
為了判斷什麼事能做、什麼事不能做，
不妨嘗試想做的事或新鮮的事吧。

吧！」你若不去試試看，哪知道自己有多少能力、是否適合呢？

只不過，當你嘗試以後發現不合適，要當機立斷地放棄，這點也很重要。不只工作，像嗜好、運動、念書等興趣，任何事都有值得嘗試的價值。請不要有「一旦開始，就要繼續下去」、「中途放棄很丟臉」的想法，如果不能繼續，放棄比較好。在到處嘗試的行動中，你會碰到各種狀況，因此「能做」或「不能做」的判斷，不必等到最後才下決定。

從長遠的角度來看，不成功的經驗也是我們相當貴重的資源。

為了整理心靈的包袱，請先了解自己什麼事能做，什麼事不能。若是無法觀察到這一點，你將錯失許多良機。相反地，你將不會因為執著於某些事，減少心靈的能量。

我去職業訓練局上課時，曾聽許多婦女表示：「我只能做一般事務。」她們為自己開了一道非常窄的門。其實相當多人在嘗試過服務業等工作之後，表現得很好。一味堅持只坐辦公桌，有可能找不到工作。假如不順利的情況持續下去，你將對自己失去自信。為了促進自己的能力，你必須知道別人的需求何在。

如果不嘗試使用，就不知道自己有什麼樣的能力，為了判斷什麼事能做、什麼事不能做，不妨嘗試想做的事或新鮮的事吧。

37

必要時能量自然湧出

向活得健壯的人學習

我有時會採訪在海外生活的女性，她們生存的力量十分驚人。例如沒有工作時，就架設網站自我推薦，聲稱：「我可以協調採訪事宜。」（雖然語文能力不太行……）「可以攝影、拍錄影帶。」（雖然以前沒做過……）「可以幫忙斡旋留學、home stay。」（雖然要等到有案子，才會開始洽談……）「可以賣當地的產品。」（不論如何，先登照片再說……）等等，表明「想做」的企圖心，等有工作之後，再來想怎麼辦。在做著有點危險的工作的同時，語言、攝影、動畫編輯、網站設計的技術也跟著加強。過了幾年，她們有的在當地主持電台節目，有的開語言補習班，有的經營民宿，有的當上演員。她們在海外探尋各種可能性，找到可以發揮自己能力的地方。當然，她們之中也有人結婚、生子，受到當地人愛護、珍惜，過著踏實的生活。她們實在太驚人了。

我本身也曾經有段時間住在國外，想著「只要能做的，通通都做」。後來回

由於不便、不安、不滿的現狀迫在眉睫，
人反而會湧出無窮地能量。

到日本找工作，突然覺得好輕鬆。例如語言無障礙、有相同的文化和習慣、有朋友和家人陪伴，這些都是恩惠，也是機會啊。讓我不禁感嘆原來自己「不是通通都能做」。

在安穩的環境中待久了，精神上產生倦怠感，難免會說出「這個工作好難」之類的話。人也許是在極苛的條件下，才會激發鬥志吧。當你想「無論如何都要活下去」時，就會拚命地想辦法。也就是說，由於不便、不安、不滿的現狀迫在眉睫，人反而會湧出無窮的能量。

住在日本的單親媽媽們也好偉大。有的人在面對「有孩子」、「沒地方安頓」、「沒錢請保母」、「沒有養育費」、「有一大堆欠債要還」……等三重、甚至四重煩惱之餘，自行創業或是利用網路賣東西，做得有聲有色。就像去拜訪遭受戰爭或自然災害的人們，她們勇健生活的模樣，讓人見識到女性柔軟度的偉大。

現代可說是一個生存困難的時代。「丈夫失業的話……」、「生病的話……」「孤單終老的話……」，我們有許許多多的不安；還怕萬一出了什麼事，得勒緊腰帶過日子。不過，不安當中或許仍有一些餘裕吧。

不論如何，請做好心理準備應對。

38

有目的，就有能量

沒有目的，行李變包袱

在研究所和學生溝通、上課時，感受到年輕的學生與已經上班的社會人士在態度上不大一樣（或許並非全部）。

大多數年輕的學生認為，只要來聽課、拿到學分就好。已經在上班的社會人士卻會積極地問問題，為了報告或發表，勤跑圖書館、查資料。上班族再回學校上課，雖然有各種不同的目的，例如想晉升、換工作等，不過他們都開開心心地上學。包括我在內，可能都認為念書是自己的興趣。在單調乏味的上班生活中，能有「原來是這樣啊」這種恍然大悟的感覺，其中快樂不可言喻。以前父母出錢讓我念書時，念得毫不起勁；後來，年紀到了連身邊的人都說「老大不小」時，卻自己花費積蓄、犧牲時間出國去念書。真是呆瓜啊。

某位三十多歲、曾在海外工廠辛苦工作過的學生，看到上課期間年輕的學生打瞌睡，便對他們說：「你們的目的，只是為了拿一張閃亮亮的文憑嗎？可是，

重要的是不仿效別人，
找出自己真正想要走的路。

文憑對你們以後出社會一點用處都沒有。請多多運用你們的想像力，現在就思考能做什麼吧。」

這是前輩給年輕人充滿愛心的忠告，也是自己寶貴的經驗。念書的目的不是單純為了畢業或就業，而是為了達成更遠大的理想，「想成為這樣的自己」、「想做那樣的事」，因而念書。就算是為了「想賺大錢」、「想進大公司，嫁給同事」這樣不純正的動機去念書，也沒關係。

進入職場後，假如沒有明確的動機，你的工作只會變成沉重的負擔，最後疑惑：「我到底在做什麼啊？」就算你不肯放棄，願意挑起重擔，隨著忙碌的生活和環境往前走，恐怕有一天你會發現：「哎呀！這裡不是我想要去的地方！」

重要的是不仿效別人，找出自己真正想要走的路。為了達到這個目的，是有一些手段的。

假如該目的能讓你歡喜、有價值、值得期待，你自然會意欲泉湧，演變成行動和結果。不論念書還是工作，只要思考：「想變成什麼？」你就能提高品質和效率。

39

有愛，就有能量

比收與受更重要的事

前幾天到一個鄉下地方演講，我坐計程車到離機場約一小時的會場。

這位中老年的司機先生駕駛禮儀非常好。他刻意下車幫我開門，然後坐回駕駛座，有禮貌地跟我打招呼。開車時他會聊天，但不會聒噪，談吐幽默有趣。車內車外非常乾淨，開山路也十分穩定。雖然沒什麼特別，不過服務完美無缺。我對他的感覺非常好，甚至想把他放在計程車司機排行榜的第一名。我想：「這個人一定非常熱愛自己的工作。」

愛，會想使對方幸福，會有所行動。對司機而言，就是思索做什麼事，能讓客人開心。他對工作的熱情及專業，讓我感佩萬分。

我跟司機聊到婚姻，他說了一段非常有趣的話：

「婚姻是在訓練男人的耐性。或許在別人眼中，我老婆是個河東妻。但是討厭魚腥，就不能做魚料理。所以我既然要結婚，只得耐著性子啦（笑）。」

愛，會想使對方幸福，會有所行動。

讓你的心有餘裕，或許是獲得幸福的捷徑。

原來如此，我津津有味地聽著對方的話，忍不住露出微笑。

他還說：「我們結婚二十年，期間不知道有多少次鬧離婚。但是我跟那個人約好，一定要讓老婆幸福。你知道那個人是誰嗎？」

「是夫人的雙親？還是你去世的恩師？」

「都不是。是我自己。不遵守和別人的約定，只要以後不相往來就好。但既然是和自己約定，就表示有生之年都不可以不遵守啦。這件事對我老婆是個祕密。」

男人的愛意隱藏在這些看不見的小地方，並且支撐著每天的生活。不知為何，這一點令我十分感動。我因而對他甚感興趣，反覆詢問下，他透露與妻子並未生育，但他很疼愛由再婚的妻子帶過門的女兒。他還說女兒最近結婚，他帶女兒走過結婚禮堂時，非常感動與高興。持續穩定的愛，能量實在非常偉大。

不過，等一下，感覺最幸福的人，說不定是那位司機先生呢。不管工作還是婚姻，他都一心為對方著想，這樣的心情就是幸福吧。

為別人想要去做某件事，這件事不但不會成為心靈的負擔，還會使你強壯、溫柔……。你若想獲得幸福，與其要求被愛、要求取得，不如做個「有愛而溫柔的人」吧。讓你的心有餘裕，或許是獲得幸福的捷徑。

40

男生與女生處理包袱的方式最好兩者都能了解

所謂「心靈的包袱」，指的是心中存放的事情。男生與女生處理包袱的方式是不一樣的。

例如女性主管碰到屬下發生錯誤、挫折等麻煩的狀況時，就會爆跳如雷（經常啦）。

「咦？你在幹什麼？這下子糟糕了，你怎麼搞的啊？」

因為加入誇大的情緒，使問題更變得加複雜。

若是男性主管，雖然也會臉色鐵青，但是「嗯，算了……」自己想把事情處理掉。會產生這樣的分歧，主要是女性常覺得「反正女人比較弱，把包袱交給大家一起分攤」，男性則是認為「男人比較強，所以心靈的包袱要自己來背負」，下意識裡觀念不同的緣故。

自古女性比較重視溝通，講求互相合作，因此她們覺得有必要顯示包袱「很

假如能夠了解男性與女性的特質不同，
便可以互相了解，也使內心的某些問題變輕。

大」。另一方面，男性則不喜歡麻煩別人，盡力擔負起自己的責任，因此他們習慣把包袱當成「小玩意兒」，絕不輕易「求助」。

女性對男性會覺得：「你到底在想什麼？」因而焦躁不安；男性對女性也會想：「你也太誇張了吧？有什麼大不了！」想安穩地把事情處理掉。於是彼此嘆息：「男女大不同……。」

女性無法忍耐只有自己背著包袱，想把「不安」這個心靈的包袱顯示出來。一邊擔心：「未來怎樣？」「失敗就糟了！」「我會不會惹人討厭？」一邊找解決的方法。所以，說不定格外有力量呢。男性則是自己責備自己、一直忍耐，不刻意對女性訴苦。所以一旦被追到絕境，便會產生怠惰、突然逃開、放棄……等現象。「不能逃避！」說這話的多半是女性吧。不，最近好像情況有些改變。

總之，假如能夠了解男性與女性的特質不同，便可以互相了解，也使內心的某些問題變輕。

請定下心神解決問題，說不定把女性靠群眾力量解決負擔，與男性單打獨鬥解決問題，這兩種方式綜合起來，產生的力量最強大呢。

41

人既弱也強

一無所有時強大，有東西要守護時也強大

二〇一〇年在阿拉伯諸國，以年輕人為中心發起了反政府的「阿拉伯之春」運動。同樣地，日本的安保鬥爭、中國的天安門事件，都顯示出年輕人正義感的能量，引發巨大的力量。或許成年人因為要工作賺錢、有家庭，不得不與現實做某種程度的妥協，不會犧牲奉獻，也因此失去如此巨大的能量吧。

「一無所有時的強大」指的是連自身都敢拋棄的大膽。例如單身、無工作、沒子女、不用照顧雙親……等等處於沒有責任的狀態，也許就敢挑戰創業、留學或升學、環遊世界一周……。

還記得我一個人到東京時，懷抱著「什麼工作都願意做」的心情，就算上了班，也會想「此處不留爺，自有留爺處」，於是暢所欲言，勇於追求自己想做的事。不怕貧窮、孤獨、他人的眼光，反正一無所有，因此變得強大，迎接生氣蓬勃且任性隨意的自己。

假如你想要變強，首先要以感恩的心情，接受現狀。

可是漸漸地，當工作穩定下來，身邊也有許多東西，人便害怕失去。儘管慶幸自己能擁有自由，然而忽然有一天，卻發覺自己還是選擇了背負包袱的生活。

有時「一無所有時的強大」具有攻擊性，「有東西要守護的強大」反而保守。我們要守護的東西因人而異，例如家人與人際關係、事業、金錢、家庭、立場、名譽、自尊等。由於背後是「失去的恐怖」，因此人們只要想守護什麼，就會發揮強大的力量。

俗語說「為母則強」，意思便是當母親守護孩子時，會產生偉大的能量。弱不禁風的婦女，為了孩子，可以哎喲一聲扛起很大的衣櫥，力量大得嚇人。這或許便是生物的本能吧（情況因人而異）。

只不過，不管「一無所有時的強大」或者「有東西要守護時的強大」，我們都必須先接受現況才能變強。若你否定現實，你的立場就是躲在現實的背後，心靈反倒變弱而痛苦不堪，於是「因為一無所有而感覺不安」或者「因為有負擔而感覺沉重」，都會緊緊地纏住你。

假如你想要變強，首先要以感恩的心情，接受現狀。

42

當「想受到認可」、「想被愛」變成包袱時

首先要「認可」與「愛自己」

「想受到認可」、「想被愛」這些欲求，意外成為我們心靈很大的包袱。人是群體動物，當我們覺得以上這些欲望無法獲得滿足時，會覺得生命受到威脅，因而不安。任何人應該都不能在完全無法受到認同、完全不被人愛的情況下生存吧。

男性在「希望受到認可」這方面的欲望特別強烈，而女性則是在「希望被愛」上的欲望特別強。這是因為自古男性便是在權力鬥爭中求生存，女性則是渴求配偶與身邊人疼愛，這或許是所謂的歷史DNA在作祟（雖然現在有點陰陽顛倒的現象……）。「想要受到認可」、「想要被愛」的世界，從幼兒時期對家人、朋友、異性，逐漸擴大到成年後的職場，甚至社會。

男性如果在家裡無法獲得認可就容易上酒店，因為酒店的媽媽桑會說「你好棒啊，真了不起」之類的甜言蜜語。如果在職場無法獲得認可，就會在網路上

跳開執著的世界，
以更開闊的眼光確認自己的價值。

採取強硬姿態放砲。相對地，女性如果失戀，會寄情於學習或磨練自己；對丈夫的愛感到失望時，就會執著於工作或小孩……這些倒還好，有人甚至陷入依賴或外遇。總之，與「想受到認可」、「想被愛」等欲求糾纏不休。

有時，人受到這些欲求刺激，確實可以發揮極大的能量；但是，如果產生反效果，就會完全受控於他人的目光，變成失去自我的奴隸。

我們經常在無法獲得別人認可的情況下，不信任自我的價值，甚至失去自信，以致卑躬屈膝。其實，個人的評價與愛情、社會的價值觀都非常容易改變。我們若受制於此，隨之一喜一憂，將會因此失去自我。或許我們應該降低欲求，覺悟到「現在的我也不錯」。同時跳開執著的世界，以更開闊的眼光確認自己的價值，這一點也很重要。當你愈來愈不相信自我價值時，視野就會愈來愈小。

說一點題外話。當我心情紊亂時，會去做點「日行一善之類的小小親善活動」。比如搭電車時讓座、幫忙身邊的人、誇獎別人，這些善行讓我發現「原來自己是個好人」哩。這麼做不但可以肯定自己，還能讓別人開心，最具有讓心中喜悅滿溢的效果。

如果你想受到認可、被愛，首先自己要認可、愛你自己。

43

隨著年紀出現的包袱

用力搬心靈包袱時，就會感覺變輕了

我以前曾經在婚姻介紹所工作過。

我發現，四、五十歲的人雖然嘴巴上說「希望今後的人生能有人相伴」，其實他們的生活形式已經固定，也很享受獨處的快樂，更建立了供需的關係，因此找伴相對困難。三十多歲的人，這段時間最需要在事業上衝刺，很難為了跟別人配合，而強行改變自己，更不會像颳颱風似的嚷著：「我懷孕了！」

反倒是二十多歲，只要「喜歡，所以在一起」，有這樣簡單的理由就足夠。不管遇到任何障礙，都會努力越過。他們既不瞻前也不顧後，一古腦兒地往前衝。反倒是年紀愈老，膽子愈小，想這個想那個，結果什麼都做不了……。不婚族、頂客族的出現，與女性這樣的想法有很大的關聯。

或許你會說，人怎麼做跟年齡無關！的確，隨著年紀增長，有些事變容易，也有些事變難。

當你想「我要做這件事」時，心有所思，
便是擔負起心靈包袱的絕佳時機。

我們再舉一個例子吧。旅行的方法依照年紀大小有差。年輕時喜歡當背包客，睡便宜的多人房，坐巴士搖晃一整天……這樣的旅行法，如今已然吃不消。相反地，現在可以堂堂住進年輕時住不起的星級飯店，上餐廳吃大餐（當然偶一為之啦……）。處理事情的方式不一樣，旅行的興趣、目的、喜歡重點也不相同。

人隨著年紀不同，有些心靈的包袱在攜帶上有些困難。欲求強烈時，對「害怕」的抵抗心變小，人也比較有衝勁。當你想「我要做這件事」時，心有所思，便是擔負起心靈包袱的絕佳時機。

因此想做的事先不要放棄，趁機試試看。放著不動，日子一久，心就冷了，加上情況改變，到時再後悔「太晚了」、「要是當初做就好」就太遲了。時機一過要再找回幹勁，需要花相當大的力氣。

當然，每個人擔負包袱的時間點不同。我自己是在四十多歲才出國留學，那時感到自己「這個年紀出國剛剛好」。趁著想做的動機趕緊去做，趁勢而為反而不花力氣！

就像槓桿原理，利用時機和重點這兩個槓桿，輕鬆挑起沉重的負擔。

Chapter
3

創造
心靈餘裕
的方法

未來還很長。
不要光顧著全力疾行，
向前邁進時放鬆心情，
享受外界的風光吧。

44

擁有心之眼
持續探索看不見的地方

為了珍惜重要的東西，我們必須時常整理心靈的包袱，磨練「用心眼察看」的能力。我們每天生活在忙碌、大量消費的社會中，不斷接收電視、網路上傳來的繁雜資訊及各種主張。我們輕易地相信眼睛所見、耳朵所聞之事，卻未曾深入追究其中隱藏的奧妙。

例如，你可曾想過：眼前某件事隱藏著什麼價值？眼前某人有什麼樣的歷史？人生中最重要、最豐富的是什麼？你若不用心之眼觀看，將無法得到這些答案。假如你只相信表面的價值；假如你只會從禮物的貴重與否來測試愛情多少，你就會做出只從外表判斷一個人這樣愚蠢的行為。會追問「事情為什麼會演變成這樣？」、「到底這件事的背後是什麼？」、「這個人真正要什麼？」等看不見的部分的人，與毫無疑問過日子的人，十年、二十年後會產生極大的差異。

倘使你不在意，日子一久，你的眼睛將遭蒙蔽，看不見重要的事。

為了不讓心之眼遭蒙蔽，請每天反覆問自己：「為什麼？」「真的嗎？」

在聖修伯里寫的《小王子》中，狐狸和小王子成為朋友以後，對小王子說了一個祕密，很多大人都不知道——

「一個人只有用心靈才能看到真實的東西，真正重要的東西光用眼睛是看不到的。」

小王子也告訴狐狸，對他來說，自己培育的那朵玫瑰，與滿園盛開的玫瑰是不一樣的。

「你在你的玫瑰上所花的時間，使你的玫瑰變得非常重要。」小王子怕忘了似地反覆說著：「我認為，我的玫瑰是非常……非常重要的……。」

這段話也告訴我們「幸福」的真諦。真正的喜悅和你重視的東西，需要花費許多時間和精力來經營。眼睛看得到的、容易到手的東西，價值相對有限。就連我們最貴重的生命，若從長遠的歷史來看，你會了解，誕生本身就是一個奇蹟。自己目前所處之道絕非平坦，必須爬過蜿蜒崎嶇的山路，才能抵達終點。那是用時間、腦力與精力淬鍊出來的……。如此想來，你怎能不珍惜自己的存在，博愛周遭萬物呢？

為了不讓心之眼遭蒙蔽，請每天反覆問自己：「為什麼？」「真的嗎？」

45

你現在看到的世界並非全部

擴展你的視野

我常到日本的高中、國中及小學，以世界的孩子們為主題演講。

倒不是描述世界有多悲慘與紛爭的現狀，而是介紹我碰到的那些生氣蓬勃的孩子們，例如柬埔寨的小學生和尚、菲律賓的少數民族裡有個十三歲的小媽媽……，我說這些故事的目的只有一個，那就是告訴大家：「你現在看到的世界並非全部，事實上，還有許多不同的世界存在。」我聽去演講的學校提起，有霸凌、逃學等現象。因此我希望能透過演講，傳遞這樣的訊息：讓日本的孩子們了解，他們之間構築的「理所當然」規則，只屬於小小的世界。

「就算你認為現在過得比死還要痛苦，也只是現在、此處而已。相同的世界不會持續。只要你肯踏出去看一看，就會有海闊天空的感覺。」

我認為：孩子生活的現實世界非常狹隘，對他們來說，「現在」、「此處」就是全部。被排除在外的話，就會產生非常強烈的疏離感。

你以為前途一片黯淡，但其實只要離開那個位置，
眼前立刻展開一個更寬廣的世界。

就連大人，不也會獨自窩在角落中啜泣嗎？小家庭、小公司、小社群、小城鎮……。如同俗話說，家人和故鄉是「離開了才覺得好」，當你面對某個難解的難題時，靠得太近，反而不容易綜觀全貌。

當你懷抱著某個對你來說是沉重的心靈負擔，而備感辛苦時，假如心靈之箱太小，就會無處可逃。也就是說，箱子小到連逃走的空間都沒有，只能被壓得喘不過氣。

然而，只要你想到「還有另一個世界」、「趁機改變一下」，就可以開闊你的時間和空間。把心靈之箱擴大後再來思考，你會發現，那些讓你苦惱的包袱其實「沒什麼大不了」。

年輕時失戀，你原以為自己受到嚴重的傷害，「因此活不下去」。但是時間過去，你會發現，這一切只是你偏激的想法，其實什麼事也沒有。另外，職場上人際關係發生不合時，你以為前途一片黯淡，但其實只要離開那個位置，眼前立刻展開一個更寬廣的世界。狀況隨時在改變。

當我心情沮喪時，最常做的應急措施就是到山上、海邊，任何能看到開闊風景的地方，喃喃地說「最多不過……」。最多不過是「失戀」、「失業」、「失敗」……。雖然這個方法有點傻，卻意外地挺有效。幾乎所有的問題都「只是小事一樁。嗯，這樣也不錯。說不定接下來會更好」，這樣就能解決了。

46

想要改變自己，唯有改變下一個行動

有什麼樣的自我，就會產生什麼樣的行動

很多人有「我想要改變，但是改不了」的困擾吧。去參加自我開發的課程後，受到劇烈的刺激，因此信誓旦旦地說「我要改變」，然而過不了幾天就故態復萌，回到原狀。例如減肥、戒菸、戒酒，總是無疾而終。又好像，才發誓說「從今天起做個溫柔穩重的女性」，立刻焦躁暴怒起來……。基本上，會想「改變自己」的人，大多發覺自己有缺點或者某地方不夠好，為了讓自己進入理想的境地而做許多努力，甚至對無法改變的自己感到失望，認為「我果然不行」，自暴自棄。

人，就算自己，都沒那麼容易改變。我們以過去的思考模式和行動模式為基準，建立「這個時候要有這樣的心情、做這樣的事」的系統。我們之所以能夠毫不猶豫地做下一個動作，便是依據過去的資訊所給予的綜合判斷，因此無法做出翻天覆地的劇烈改變。

下一個行動創造未來的你，請充分享受「原來我也可以這樣」的進化吧。

就以我自己為例吧。儘管一年前、十年前和二十年前的立場與環境不同，不過本質上沒變。我的缺點一點也沒改進，也依舊在某些地方對自己失望。或許可說是，個性造就命運吧。

剛剛說的前提是「人沒那麼容易改變」，不過我還是相信，只要用對方法，人就有可能改變，也能成長。

其中一個方法是與其想改變自己，不如改變自己的下一個「行動」。為什麼？正所謂：有什麼樣的自我，就會產生什麼樣的行動。我們會強烈地想要「改變」，通常不是給自己，而是要給別人不同的印象。

當你想放棄時、失去勇氣時、想做超過自己能力以上的事情時，可以先模擬：「那個人怎麼想？」「那個人怎麼回絕？」「那個人怎麼行動？」然後思考自己該怎麼做。通常「那個人」是指身邊的人、旅途上碰到的人、尊敬的作家，依各種狀況不同。那些你任意選擇的老師可以教我們許多祕訣。

不論什麼都好，先改變一個行動試試吧。這樣你將會改變你的心情，也會讓人生的下一個階段有不同的展開。把這次行動當作改變自己世界的關鍵。你可以決定要做什麼，或者不做什麼，這個行動將導致現在的你；至於下一個行動則創造未來的你。請充分享受「原來我也可以這樣」的進化吧。

47

不要緊抓不放

只在意失去，將不敢往前邁進

我有一個台灣的女性朋友，原本在大學當教授。前些日子，年近四十五歲的她，忽然向學校提出辭呈，說是要配合兒子們留學，舉家搬到國外居住。

「雖然我也可以讓孩子們自己在國外念書，不過我想這是一個改變的好機會。再說我也很想試試看，在大自然裡面生活。節省點，靠房租收入應該就可以過活。」

周圍的親友基於關心，眾口同聲地說「好可惜」。有人說，少了教授的薪水和退休金，生涯收入會有很大的損失；也有人說，學生都很喜歡你，你在大學裡好不容易建構的位置，放棄了豈不可惜？

我知道她孩子還小時，原本是個上班族，後來好不容易修完博士課程，又絞盡腦汁寫論文。我疑惑地想：她就這樣把辛苦得來的事業拋在腦後，「真的妥當嗎？」不過看到她興奮的表情，我反而對她的單純與自立心感到羨慕。

人一旦「不願意失去」而緊抓不放，說不定反而因此失去更大的東西。特別

與其以後懊惱已經做過的事，那麼等到老的時候，才後悔自己沒做的事，將會是你心靈更大的負擔。

是你曾經日思夜想、努力構築的東西，更加無法輕易放棄。「都已經努力到這裡了」，因此一定要好好守護。於是，你的人生便陷入一成不變的單調生活。

由於只在意失去，你不敢往前踏出一步；因為害怕失去，你兩手緊緊抓著那件重要的東西，反而對眼前的事物視若無睹。當然更沒有餘裕享受現在，挑戰現在。

有人「沒有安全感，所以不敢花錢」，「等老了以後再旅行」。然而金錢、時間若不為現在的自己所用，才是真正的「浪費」。想做的事如果現在不做，尚待何時？五十歲有五十歲時想做的事，六十歲有六十歲時想做的事。與其以後懊惱已經做過的事，那麼等到老的時候，才後悔自己沒做的事，將會是你心靈更大的負擔。

在南半球某條街上展開新生活的K小姐，傳了這樣的mail給我：

「我開始過起樸實的生活。不僅學會做麵包，並且已經達到職業水準。我在大學門口販賣，利潤還挺不錯哩。你要不要來這裡，跟我一起賣麵包啊？」

原來如此！K小姐以前教的就是「創意產業」。我相信，她將不只做個專業主婦，也將展開自己的嶄新人生。

48

世上沒有意外和不公平

了解一切事出有因，你會更有包容性

許多年輕人認為：「這世界太不公平！」我以前也這麼想。儘管有些是先天不公平，但也有些是後天自己創造出來的。因此，我現在了解世上一切都「意外的公平」。每一件事情的發生，都有其背後的意義。

有一位學生R小姐曾經懊惱地對我說：「我的朋友M小姐，父親是名人，靠關係背景進一流企業上班。而我出身鄉下，又沒背景，只能去三流的公司。枉費我大學時拚命念書，成績非常好。世上真不公平！」

我可以了解她懊惱的心情，然而這就是現實。M的「背景」是資源（而且是由父親長期建立的）；R的「成績」也是資源。從就業戰線來看，背景這個資源或許比較吃香；但是碰到其他事，R的成績可能就更有利了。同時，在不同場合，或許提出「人際關係好」、「語言能力佳」等資源，更容易贏得對等的勝利。不論好壞，會產生這樣的現實必有其理由。只是不論誰，處於不理解的不安

世上一切都「意外的公平」。

每一件事情的發生，都有其背後的意義。

定中，產生「有沒有搞錯」的疑惑，就會很難繼續吧。

了解一切皆事出有因以後，你是否變得更有包容性？

不管個人、企業還是國家，世間有「提供某種資源，就會獲得某種代價」的平衡。即使有不平衡關係，也會自動更正。重要的是，你必須先知道「你有什麼」及「你要什麼」，探索「對方要什麼」，然後找出「那麼，我有什麼資源可以交換」的方法。

表面上「漂亮、聰明、有錢……」，乍看擁有眾多資源的人，不一定能夠獲得對等的成功與幸福。首先，這些資源經過長時間以後，還有多少價值；同時，資源也可能引發嫉妒，反而使人停滯不前。相反地，工作上或生活上「長得不漂亮，只好以其他能力決勝負」、「不夠聰明，只好拚命努力」、「沒錢所以更能體會賺錢的喜悅」，「欠缺的資源」反而成了你可以利用的更大資源。缺點、挫折、失敗、阻礙……，這些東西有時是你的沉重包袱，但你只要超越它，它就會變成你非常大的資產、非常強的武器。

能從原本的資源中產生什麼，就看你了。世上意外的公平。一切事出有因。一切也都可以是機會啊。

49

能夠在心靈建立餘裕和自豪

了解「為別人」其實是「為自己」

我原本任性地以為：有錢有閒的人才會去當義工，直到我在台灣看到非常驚人的義工團體。

不管區公所、郵局、美術館，所到之處皆有佩戴名牌的義工，他們指引你、幫你填寫文件，真的幫了許多忙。那些義工不全是退休老人，還有許多是年輕的學生或上班族，他們利用工作空檔、週末假日，哪怕時間很短也不放棄。最讓我感動的義工是——

身上掛著「請把我當做你的孫子」的牌子，幫老人搬行李的大學生；在深夜醫院的急診室當護士助手的女性；在山頂為登山客奉茶的阿伯……。他們做的真是太棒了，就連有點強迫式的助人也很棒。簡直好像古裝劇裡的英雄在幫助人以後，說句：「這是我該做的，不用道謝。」翩然離去，樣子酷斃了。總之，這些義工「看起來很開心」，「看起來很愉悅」，「看起來很得意」。

當我們想著「為別人＝為自己」、
「別人的幸福＝自己的幸福」時，心靈就有餘裕，
創造出值得驕傲的幸福。

我想他們一定是徹底地喜歡自己吧。幫別人做事時，他們感到愉悅的心情，因此找到價值與成就感……他們充分了解「為別人＝為自己」的哲學。因此，他們不是為別人而犧牲自己，反倒是自願辛苦工作。

某個窮困地區的爺爺在太太過世後，有將近一年的時間沒有笑容，躲在家裡足不出戶。不管任何人來拜訪，他都不說話。但是有一天，他發現院子裡的花開了，有許多人過來看花，於是爺爺親手做了長椅，放在院子裡。又為了要給大家驚喜，他在椅子和牆壁上畫圖。漸漸地，爺爺的臉上恢復笑容。這是一個原本為別人卻也療癒自己的例證。

如果心靈沒有餘裕，就不會為別人著想，這個說法不確實。經常有人在意外或災害現場，為了幫助不認識的人，犧牲自己。因為想做，所以就去做。只要有「能幫助別人真好」、「能讓別人開心真好」這樣的心情，心靈就會獲得極大的穩定感與滿足感。當我們想著「為別人＝為自己」、「別人的幸福＝自己的幸福」時，心靈就有餘裕，創造出值得驕傲的幸福。

所謂「人情」，指的是人類關愛別人的自然情懷。懂得關愛別人的人，一定容易感到幸福吧。

50

繼續還是停止的分界點

自己會變得更謙虛

我認為，與其尋找自己沒有的，不如發現自己擁有的還來得幸福。可是，「不足」有時也會成為你肩負心靈包袱的力量。

某大學做實驗，要學生預測自己的成績。結果考不好的人，對自己的評價在分數與成績順位上，比實際來得高；成績好的人反倒對自己的評價比較低。

這件事其實很容易懂。成績不好的人且不論實力好壞，通常習慣心存僥倖，認為：「沒什麼了不起。」他們看輕對手，也喜歡臨時抱佛腳。至於成績好的人，則總是看見自己「不足」的部分，想著：「不認真念書不行。」所以他們會在很早以前就做準備，同時感覺「我能做到，大家也都能做到」。

上班族裡面，表現差的人通常認為自己做得不錯、自尊心高，又喜歡炫耀過去的學歷與經驗。雖然自我感覺良好，但有時反而只有自己，不能成事。表現好的人有著「我還不行」的謙虛之心。好比藝術家或藝人，要想隨著年紀增長存活

謙虛的真正意義，
不是對別人畢恭畢敬、言聽計從，
而是對自己本身的挑戰。

下來，就必須努力磨練技藝。成長或停滯的分界點，在於「謙虛」與否。不管哪種職業，假如你以為自己「很棒」，感到「這樣就夠了」的滿足，那麼你就會停止成長。

人必須在感到有必要努力時，才會拚命。或許謙虛的人在「感到不足」的背面，是相信有可能會實現的。能夠直視「不足」的人，內心深處說不定很有自信哩。正因有自信，才會懂得謙虛的重要。因為謙虛的真正意義，不是對別人畢恭畢敬、言聽計從，而是對自己本身的挑戰。

舉世聞名的浮世繪大師葛飾北齋在七十五歲推出《富嶽百景》，他在後記中寫道：「我六歲就能繪出物品外形，五十歲開始畫圖，但到七十歲為止，畫的東西皆不足取。七十三歲方才知曉生物及草木的生長與造形。」當他九十歲過世時還嘆息：「上天若再給我五年的時間，我就可以成為臨摩萬物的畫工了。」

葛飾北齋辭世的俳句為「人之魂　行氣散　夏野原」，意思是說，人變成魂魄後，就可以氣定神閒地在夏天原野中散步了。也就是說，人們從埋頭苦幹中得到喘息，終於解放，獲得清新舒爽的感覺。

51

人的好奇心中有「愛」

莫忘好奇心

我跟許多孩子一樣，有著豐富的好奇心。

小學時回家路上，有一片竹林。我總是無法遏止好奇心地想：竹林那邊是什麼？河的上游是什麼樣子？那位時常碰到的伯伯住哪裡？我喜歡胡思亂想，然後為了確定想像是否正確，而去探險……每天都有冒險之旅。

長大以後，我仍然做著同樣的事。因為「不知道」，所以「想知道」。凡事試過之後，「原來是這樣啊」，心便安定下來，再把興趣轉移到其他的事上。

由於人性本來便對事物易熱也易冷，不論任何工作，只要在某種程度上感到「我已經很熟練了」，便會不自覺地想去做其他的事。不過寫書這個工作，哪怕經年累月、做了多少，還是「搞不清楚」吧。想寫的題目多如牛毛，持續著追尋答案的旅程。這件事是我永遠也不會厭倦的。

小孩子看見不認識的東西，就會眼睛發光地靠近，想要接觸。好奇心帶給人

好奇心帶給人天真無邪、沒有底限的精力。
所以，去追求喜歡的東西吧。
人只要有好奇心，能量就不會枯竭。

天真無邪、沒有底限的精力。所以，去追求喜歡的東西吧。人只要有好奇心，能量就不會枯竭。

不管工作也好、興趣也罷，戀愛也好、結婚也罷，有些一開始精力充沛的人，到後來眼睛逐漸失去光亮，顯得興趣索然，恐怕是因為他們已經知道答案了吧。「算了吧」，他們放棄好奇心，甚至對生活死心。為了配合已知的答案，過著無聊的生活。無法看見未來雖然快樂，也會不安。或許人長大以後變得無趣，是因為意識到要去知曉答案的緣故吧。

那麼，持續做同樣的事、和同樣的人交往，依舊神采奕奕的原因，會不會是「疑問」的萌芽呢？比如工作方面，保持著這樣的疑問：「還有沒有更好的方法？」人際關係方面，保持著這樣的興趣：「他為什麼這樣想？」「他怎麼了？」大人的好奇心是因為有「愛」。

不過，當你對一切都感到一成不變、完全失去好奇心時，怎麼找回好奇心就變得相對困難。這時，不管做什麼都可以，試著培養好奇心，說不定你會對原本漠不關心的事逐漸產生興趣呢。

好奇心會拓寬你的心靈之箱。保持好奇心，會讓你想在某個地方長期待下去、持續相同的工作，心靈也隨之開闊。

52

懷疑自己的正確性
真正的敵人隱藏在你的思想中

我們時常可見想法偏激的人，這一點和年紀無關。

某位三十歲的女性說：「我什麼都不會，因此只能依賴別人生活。」依賴別人雖然也是一種生活方式，然而會這麼認為，主要是基於「我什麼都不會」的想法吧。某位二十歲的女性說：「根據某預言，人類將會在十年之內滅亡，所以我不必為老年做準備。」假如人類到時沒有滅亡呢?!

不，我不是在道人長短，我只想告訴各位，由於固執己念導致失敗的例證很多。若是只認為自己有錯，那倒還好，問題在執著於人際關係。只因對方的幾句話不中聽，便主觀認為「他好像對我不大高興」，而不願意見到對方；雖然想著「不能戴著濾鏡看人」，但若聽到不好的風評，卻會產生先入為主的想法。

人若是挑揀想看的看、想聽的聽，那麼連一丁點小事都能釀成大悲劇。同時「基本上只相信自己是正確的，別人都是錯的」，這種想法也實在太可怕。不過，

盡量以素直的心直視事物本質，

努力接近事情的真相。

有時「固執」也會產生正面的力量。例如「我也能」、「他很棒」之類值得慶賀的想法，通常在達成目標或戀愛上是非常大的能量。

可是，錯覺、偏見、誤解等扭曲事實的執念不但不會幫你，最麻煩的是，這些錯誤的念頭還會讓你無法客觀看清自己與周圍的事，讓你不知不覺中與人隔絕。這是最可怕的。

當你對某件事產生不好的印象時，內心就會有「不安」、「恐懼」等心靈包袱。假如你長期與這樣的情緒為伍，混雜在受感情束縛的「執念」與「事實」中，自然而然會失去自我存在的意識。

所謂區別「主觀的概念」與「客觀的事實」，就是收拾心靈的包袱。不妨時時對自己的情緒和主觀的思想，提出這樣的疑問：「真的嗎？」同時，不管是對自己或對這個世界，都要從多元的角度來觀察。盡量以素直的心直視事物本質，努力接近事情的真相。只要你能從固執己念中解放出來，心靈包袱就不會胡亂的拖住你的腳步了。

我們真正的敵人不在外面，而是來自我們內心的「固執」之鏡。它在不知不覺中創造出我們的世界觀，影響我們的行動方向。我們必須保有「懷疑」正確性的彈性，才能保有心靈的柔軟。

53

了解「任性」與「自由」的差別

以柔軟的方式選擇艱苦的生存方式

雖然我為了「以自己的方式生活」而到東京，卻時常因為辛苦而感到心痛，我忍不住想：「我是不是太任性？」有時甚至想：「我該去找身邊的人，像是雙親、親戚、朋友及所有照顧我的人，請他們在我困難時伸出援手嗎？」幾年前我到職業訓練中心演講，演講最後，一位年長的男性舉手說：「你的生活方式十分『任性』。像你這樣拚命轉換工作，會讓你公司裡其他的人為了收拾你的爛攤子而添麻煩。」

這時，和我同行的朋友笑著，諷刺似地聲援我：「哎呀！看起來您一定在公司待很久，這樣您公司的同仁就一點也不麻煩囉。」

做人不論如何生活，一定會麻煩到別人。有時是刻意地讓人討厭，有時是在不自覺中給別人添麻煩。

不過，「自由」與「任性」在本質上是不一樣的。雖然都是依照自己的想法

真正的自由是，尊重每個人是自由人的美德，

坦然接受周遭環境的變化，

以柔軟的方式，選擇艱苦的生存之道。

生活，任性的人由於自己比較弱，必須依賴別人，有時甚至會為了滿足自己的欲求而犧牲別人。因此，任性的人通常比較頑固、遲鈍。相對地，真正自由的人自始至終認為「自己是自己，別人是別人」，不肯做無理的配合。尊重對方是自由人的美德。他們坦然接受周遭環境的變化，也對自己的自由變換從不厭倦，以柔軟的方式，選擇艱苦的生存之道。

在卡通《嚕嚕米》的角色中，有個叫小不點的女生。她的個性易怒刁鑽，不給人留情面。以前我讀這本漫畫時，覺得小不點是個「任性」的姑娘。不過最近我重讀《嚕嚕米》，留意到小不點有著比任何人都看透本質的成熟，所以她不喜歡欺騙內心的人。她會直接對那些無法做自己的人說：「你很會欺騙自己。」或是給這類建言：「偶爾不妨生生氣。」當人們獲得幸福時，她也會溫柔地說：「真是太好了。」她不知恐懼為何物，也不為任何人所惑，是一個完完全全的自由人。小不點是另一種自由人類型史利奇的妹妹，她或許比討厭與人相處的史利奇，更善於應付人際關係呢。

54

當你把一切視為己任時，能量自然湧現
依賴別人，一切都不會改變

對我而言，事情開始好轉的契機之一是，三十歲出頭，我決定停止做一件事。

我停止的是，抱怨「都是別人的錯」。

在此之前，工作不順利時會發牢騷，「都怪老闆不好」、「公司太壞」；失戀時怨嘆「爛男人」；人際關係產生摩擦時，生氣地想：「那個人變態！」找不到好工作時，歸咎於景氣太差。

我會停止想「都是別人的錯」，是因為我最後品嘗到悲慘的滋味，並且打從心底發現「把責任推到別人身上，一點也不會改變現狀」，進而客觀地感到「就算責備別人，也不會因此提高自己的格調」。

責備別人，會將自己的失敗深深刻在心頭。

自己承擔起責任的話，承認「一切果皆有因」這個事實，將使你變得更寬大。眼前的困難，反而能夠不可思議地順利解決。「不怪別人」這個觀念與現實相依而行。

人如果擔負起責任，心就會變柔軟。

假如能夠自己背負，不管如何都會感到幸福吧。

就算自己的想法有錯，也要認清橋歸橋、路歸路，承認錯誤。依賴別人是不會有任何改變的，那只會讓你整天惶惶度日，絕對無法獲得滿足。

一旦認為是自己的責任，你將不會去做差勁的事，也不會承諾無法兌現的諾言，而是在責任範疇內行動。另一方面，由於是自己的責任，若是碰到原本想做的事，就會對風險有所覺悟，反而能採取大膽的行動。當你認為可以隨自己的意願做事時，就會湧出該怎麼進行的智慧與能量。

前兩天有一位朋友發mail給我，她有一個四歲大的女兒。

她在mail上說：「我認為教養孩子最重要的是，培養她獨自解決問題的能力。今天早上，女兒帶著要在幼稚園用的牙刷出門，可是她玩的時候弄丟了。不管怎麼問，都回答找不到。其實家裡還有一支備用牙刷，但我沒提醒她。女兒在幼稚園裡似乎碰到一些困擾，她回家後拚命找牙刷，然後『哇』的大叫一聲，開心找到。雖然幼稚園方面叮囑要多留意，但我希望女兒了解，讓她困擾的事等於要思考的事，這一點很重要。沒幫她真好。」

我覺得這一對母女真是太棒了！人如果擔負起責任，心就會變柔軟。假如能夠自己背負，不管如何都會感到幸福吧。

55

莫忘幽默

你笑，全世界都跟著笑

把一般人的作品收集起來的川柳系列書籍，不管出幾本，都造成話題。其中有許多讀了之後會不自覺應聲「對啊」、產生共鳴的名句。

不是才拜託「快點來」，你怎麼就回去了呢？

還有，還有喔。一個人享受太可惜，我便把書拿到女子會，跟大家分享，讓大家一起笑哈哈，女子會成為《女子會川柳》。唱出上班族悲哀的川柳，因媒體報導入選佳作而聞名。《銀髮族川柳》也人氣很旺。

「啊——」以前恩愛　現在看護

這樣的好句子很多。任何人都可以買川柳之書。就算立場相同的人，也會為了自己讀出不同的意義，人們似乎可以從書中聽到「別人的情況那麼糟，不也安然渡過嗎？」的話語呢。很多書是由孩子買給父母，或是朋友之間互相餽贈。笑真的是處於困境的救世主啊。

所謂「玩心」，指的是心的餘裕。心有餘裕，
不會產生幽默；心有幽默，才會產生餘裕。

我也想提出一句話挑戰。一開始想不出什麼石破天驚的佳句，不過漸漸有趣起來，好比這些有點自嘲的句子：作夢時，夢見截稿日出現奇蹟；半夜看到窗戶上映出自己的面容，像個老太婆……。在尋找「笑點」時，能更客觀地觀察自己的情況，心情跟著輕鬆起來。

在工作緊張的職場，笑話能夠拯救眾人。這些讓人會心一笑的句子，溫暖個人的內心，使人恢復元氣，就連周圍也跟著如沐春風。工作時會擷取玩心與幽默的人，是有快樂習慣的人，他們的柔軟度比較高。只曉得認真努力的人，無法享受從喜悅和能量獲得的「快感」，因此工作不會變有趣，更無法構築良好的人際關係。

所謂「玩心」，指的是心的餘裕。不是教你把東西塞在一邊，好讓出空間。心有餘裕，不會產生幽默；心有幽默，才會產生餘裕。即使心中有負荷，只要有笑，負荷也會變能量。

孔子說：「大智若愚。」碰到困難的狀況時、災害降臨時，與其認真碰撞，不如「裝傻」保身，識時務者方為俊傑。想太多，不見得是好事。碰到不如意時，噗哧笑一聲，肩膀上的壓力會減輕喔。

你笑，全世界都跟著笑。

幸福就是「笑臉常開」，這道理意外地簡單。

56

知道自己心靈的容量

金錢的餘裕、時間的餘裕、心靈的餘裕

H女士（五十多歲）的女兒、女婿才二十多歲，她常嘆氣說：「難道是我的教養方式有問題？這兩個人完全不會存錢。」

她的女兒、女婿每月收入約二十萬日幣。生了小孩以後，兩人依舊每週外食、買名牌衣物、新車。買房時由娘家付頭期款，後面還有三十年的貸款。儘管財務拮据，卻仍然改不了單身時瘋狂消費的習慣，以致借貸金額不斷增加，陷入大錢坑。「他們雖然只有二十萬的收入，卻想過花費四十萬的生活。」

不過，有錢的人不一定心靈有餘裕。從山上的高級別墅區到街上只有一條路，由於經常塞車，每個人開起車來都爭先恐後，以致意外頻仍，喇叭聲迭起。

某位住在別墅區的男士說：「大家都開高級房車，雖然有閒錢，卻沒有禮讓的閒心。二十分鐘的路程硬想開十分鐘就到，當然會出車禍！」

金錢、時間、空間、能量……，當你的心讓不安、不滿塞滿時，便裝不下更

不要想「沒有」，只要想「擁有」。
心滿意足時，
就會有能力面對眼前重要的事。

多的東西。與其要求自己「只能擁有哪些東西」，不如問問自己「是否滿足於這些東西」，來得更重要。

有人明明擁有很多，卻覺得「不夠」。心不安定的人，有必要重新檢視自己的要求。不要去羨慕別人，也不要老覺得自己不受關愛，而是注意到自己到底擁有多少。我們已經得天獨厚。

工作或休假時，如果只想著「那麼一點時間」，心情便會焦慮起來，注意力也無法集中。倘使想「時間還很多」的話，心靈就會有餘裕，也能將事情一一處理好。

不要想「沒有」，只要想「擁有」。心滿意足時，就會有能力面對眼前重要的事。

「知足者富，強行者有志。」這是老子《道德經》裡的話，意思是說：知道滿足的人是真正富裕的人；努力的人懷有志向。老子告訴我們，除了「現在這樣很好」，滿足於現狀以外，還必須懷抱志向成長。

先從客觀接受自己心靈的器量開始吧。只要你想「這樣足夠」，然後選擇相符的容量，那麼你的心靈就會變豐盛，也能獲得幸福與成長。

57

不要想太多
改變思考的方法

我們是否經常做出這種事？明知想破頭也沒用，卻在不知不覺中想太多，然後搖頭嘆息……。

我以前曾經慢性地「想太多」。工作、戀愛、人際關係、未來金錢的掌控等，只要想到其中一點，就會滿腦子都是這件事。不過我只是單純地反覆思量，並未解決任何問題。其他的事也不敢下手。這麼一來，讓我更加陷入焦慮、低落、自我厭惡等情緒中，並且惡性循環。

剛剛說到停止思考，這一點要看個人的習慣。已經習慣想太多的人，沒那麼容易說停就停；另外，人們也想找到「為什麼會這樣」、「怎麼做才好」，好讓自己安心，獲得滿足。不過，他們無法找到答案。當你想太多時，恐懼的情緒便會滲入，不好的妄想漸漸膨脹，更加陷入麻煩、負面的思緒之軌中。

我之所以能夠掙脫「想太多」的制約，並非就此停止思考，而是改變思考的

重要的是，開開心心地享受現在。
一邊行動，一邊也不忘喘口氣休息。

「方法」。

面對問題，不論如何先「解決」。就算多想，但因意識到「為了解決問題」，就不會胡思亂想。

以「解決問題」為軸來思考，效果意外得好。首先，腦子裡先把眼前的課題分成「自己能解決的問題」與「自己無法解決的問題」兩種。

像是「假如不曾失敗過……」等過去發生的事、「老了怎麼辦」等遙遠未來的事、「對上司不爽」等別人的事……這些自己無法解決的問題，因此可以下「想也沒用」的結論。接下來的問題就在於如何正向接受這些事。

至於「自己能夠解決的問題」，首先在現實層面要積極認可「這樣也不錯」，然後思索「該怎麼做才好」等對策方案。把你能做的事做出預定時程表，一條條記在行事曆上，然後只要行動！

連續思索三天也想不出答案的問題，先予以保留。有些問題不試不知道，不妨試一試，時機對的話，說不定就能找到好答案。在心中描繪「明天一定會更好」的正面印象，心情就會放輕鬆。重要的是，開開心心地享受現在。一邊行動，一邊也不忘喘口氣休息。

58

相信自己好運的人，就會有好運

運氣會造訪所有的人

「我只是運氣好！」

常聽在工作或研究上發表重大成果的人這麼說，還有一些在大學聯考或難度高的國家級考試合格的人也這麼說。

難道真的只是運氣好？

應該不是吧？他們應該是站在認真努力、與別人構築良好關係等基石上，當浪潮來時再趁浪而起吧。至於能否成功的分界點，就在於「是否相信自己」和「是否相信自己好運」的積極度了。重要的是，一旦有「我只有這個程度」或「我運氣不好……」這樣膽怯、消極的想法時，便會遭浪潮淹沒。

不是有句老話說「運氣會造訪所有的人，就看你有沒有注意而已」嗎？我想對這句話略做修正。

運氣這種東西，與每個人的資質互相呼應。運氣好的人，會在自己行走的方

認為自己運氣好的人，天生樂觀。
只要有這樣的心情，心靈就會有餘裕，
沉重的包袱便可丟在腦後。

向安裝天線，隨時準備捕捉飛來的好運。例如，某個會畫漫畫的人總是說「這個工作讓我來試試看吧」，任何微小的工作都不放過。他的工作態度讓人喜歡，於是碰到大案子時就會想到他，「這件事拜託你囉」……。這個狀況不斷重複，他的機會也愈來愈多、愈大。我們常碰到「新人受到拔擢，擔當大任」，這個新人必須受到長官認可，有足以擔當大任的能力。運氣是人創造出來的。代表能力的「地利」、人際關係的「人和」以及最後趁浪而起的「天時」，三者互相配合，方能開運亨通。

松下幸之助先生經常在招考新進員工時問：「你認為自己運氣好嗎？」聽說回答「運氣好」的人會獲得錄用。認為自己運氣好的人肯努力，同時有「承蒙大家支持」這樣感謝的心。連松下先生自己都說：「諸事順利時，是我運氣好；諸事不順時，都是我的錯。」

認為自己運氣好的人，天生樂觀。他們肯定並接受現實，積極進取。只要有這樣的心情，心靈就會有餘裕，沉重的包袱便可丟在腦後。就算背著包袱，包袱也會變輕吧。

59

為了去除不安
凡事都有萬一

遭信任的人背叛時，真的非常難過。「我對你百分之百的信任，結果卻……你真是太過分了！」陷入指責別人的半瘋狂狀態。不過，當人陷入悲哀時，也會突然抓狂。雖然狀況隨時改變，不過在某個時點上，規律的齒輪是會鬆脫的。

非常可惜的是，就連百分之百信任的自己，有時也會脫軌出錯。

由於只相信自己，要求對方回應期待上或許比較強勢。假若內心深處想著「說不定不會順利」，就會更珍惜彼此關係，感謝對方。

倘使你能相信一切，那就相信吧。以「安心神話」、「安全神話」為前提生活，是不可能的。你的內心深處必須預先設想最糟的情況才行。

比如，你想一想現在上班的熱門公司，十年後會怎麼樣？沒有人知道。倘使你一開始便設想「有一天公司倒了……」這種最糟的情況，就會覺得「減薪也沒什麼大不了」，能夠很快地調整你的心情。

與其煩惱是否會發生「萬一」，倒不如思考當「萬一」發生時如何應對，反而比較積極吧。

儘管不想讓不愉快的「萬一」念頭纏身，但先做好心理準備，「若真變成這樣也無可奈何」，就可以消除你的不安。思考「萬一」，不是要讓你的不安增大，而是想讓它變小。有時悲觀的念頭反而讓你不致太過主觀，能具有現實的客觀性。與其煩惱是否會發生「萬一」，倒不如思考當「萬一」發生時如何應對，反而比較積極吧。

發生「萬一」時，若轉過身不看，反而更不安，事後也會更痛苦。

當我面對新挑戰時，就是「最糟不過是失去一切，然後一切從頭開始」的心情在支撐著我。不管遇到什麼事，都不會活不下去。以此前提來做大膽的描繪，不是很有趣嗎？就算失去工作、失去愛人、失去金錢……，事先想到這些悲哀的事，然後想著從谷底翻身，說不定會碰到好事。我大概是個膽小鬼，才會先想著，然後準備好萬一的衝擊吧。

把內心大部分的能量用來描繪美好的遠景，把最糟的狀況藏在一角。說不定那個最壞的情況不會發生……為了預防萬一，你要有背負風險的覺悟。

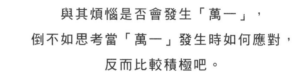

60

不否定、只肯定的生活

坦然接受「這樣也不錯」

人生難免碰到失戀、遭上司責罵、人際關係產生嫌隙、事業遇重大失敗……等等挫折。每次碰到這些煩惱，當你怒火中燒、眼淚奪眶而出時，你會採取什麼行動？

有人會藉忙碌忘記煩惱，有女性認為「失戀時，是工作救了我」，當然活動身體，讓煩惱隨汗水散去，也不失為一個好方法。另外，有人藉著吃美食、逛街購物、精油按摩……做自己喜歡的事，來療癒內心的創傷。大概心中發出「真好吃」的感動時，很難一邊吃一邊生氣吧。只不過若想讓煩惱被美食掩蓋，大概需要吃很多，導致體重因此增加——又產生新的煩惱。

以上這些都是為了趕走煩惱，故意讓其他的事占滿心靈的作戰法。與其硬要轉換心情，不如靠著改變行動轉換心情來得奏效。許多職業婦女就算討厭工作，仍能堅持的原因，就在回家以後忙著照顧小孩，完全沒空多想。

感謝和希望是你保護心靈免於受傷的最大武器，

也是你的驕傲。

可是大多數人不是「儘管不願意想，卻仍想個不停」，就是「忙碌時雖然不會胡思亂想，可是念頭仍會突然冒出」。

我曾聽某位心理學家說過「努力無效法則」。

意思是說：如果心裡想著「不可以……」、「我不會……」，就算再努力，也不會達到預期的效果，只是浪費時間。例如當你一心想要「忘記那個討厭的人」時，其實心裡正在想著他；愈是想「一定要戒酒」，反而愈想喝；一心打算每個月量入為出，「停止亂花錢」，反而益發散財。

因此，所謂的最後手段不是忘記，應該是「這樣也不錯」的坦然接受現實。同時找出「多虧……」，也就是值得感謝的部分，予以肯定。比如「多虧那個人，也有好事發生」、「多虧失敗，讓我多學到一樣東西」，哪怕只有一點也是好的。然後萌生「接下來我要……」的希望，以把「倒楣的事」變成「好事」（有這個可能性）為目標，重新開始。於是，黑色的奧塞羅悲劇啪地變成白色。

只要你找到感謝和希望，便會發現心頭的包袱瞬間自然消失。感謝和希望是你保護心靈免於受傷的最大武器，也是你的驕傲。

61

好不容易做的一切是為自己，也是為了別人

一切都是享樂

假如問：你工作的目的是什麼？「受使命感所驅」、「為了生活，不得不」、「為了實現自己」，可能會得到許多種答案吧。然而這答案或許不是只有單一原因，而是複合的才對。

我也是。如果硬要說出原因，不怕各位誤會，我的答案會是「享樂」。不是說我想要像有錢愛玩的人那樣做點閒差，不，絕對不是。哪怕沒有錢、沒人靠、甚至在所謂的「魔鬼企業」那樣的環境工作，我也認為那是一種「享樂」。

當然，工作中的辛酸、衝突與痛苦堆積如山，也會有哭泣、憤怒，或惹人生氣、道歉、同儕之間發生爭吵、白忙一場等情況。不過我抱持的心情一直是這樣有趣的快樂，是在其他地方享受不到的。因為認真，所以有趣。我猜可能是「只要不喜歡，隨時可以辭職不幹」的想法，支持我持續工作，並且奮力找出隱藏在工作裡的有趣和快樂。

不只為自己也為別人的享樂，

才是真正的無比快樂。

沒錯，只要不喜歡，隨時可以辭職不幹。天底下沒有任何人可以強迫你繼續這份工作；而且一旦離職，說不定反而海闊天空。不過，雖然想著「隨時都可以不幹」，但是意外的，並不會真的辭職；也有人在想著「再做一下看看」的同時，不斷晉升呢。現在想來，在魔鬼企業裡，除了讓我學習到如軍事訓練般的工作方式，奇怪的人際關係未嘗不是一種「人際關係訓練」。這或許是很高級的「人生修煉場」呢。

常說「年輕時應該多吃苦」，可是許多人不願意吃苦，我也是能避則避。我超不擅長忍耐，也超沒耐性的。可是，既然工作是享樂，旁人看來吃重的工作，對我來說「歡喜做，甘願受」。

不過，只把自己的事當享樂還挺無聊的。不妨發揮你的想像力，讓工作、生活、戀愛都變有趣，如此將會達到帶給別人快樂的功效。

天下沒有什麼事非做不可，就去做你想做的事吧。既然歡歡喜喜地花了時間和精力，若也為了別人，應該更能品嘗到感動與創造良好效應，也能獲得更多的快樂吧。為別人做事，不但自己歡喜，也是讓自己生存、成長的捷徑。

「一切都是享樂」。當你這麼想時，不可思議地，肩上的重擔變輕了，心靈也充滿餘裕，不管有再多負擔都可一肩挑起。不只為自己也為別人的享樂，才是真正的無比快樂。

62

不是扣分主義，而是加分主義

用加分的眼光看待事物，心情也會穩定下來

一般人剛升任主管時，大概都喜歡用「扣分主義」來對待部下吧。

我在二十多歲時也一樣，「咦？連這件事也不會做？扣十分。」「連這點常識也沒有，扣二十分。」「一點毅力都沒有，扣三十分。」以自己的期待值為一百分，挑著對方的錯，予以扣分。

我陷入焦慮、失望，甚至認為屬下通通太差，情況非常嚴重。任何地方只要不合我意，就是缺點。我的心思完全受這些事情控制，一心只在挑錯。

這時，某位主管說了這樣的話：

「有些事自己做不到，屬下卻可以完成。人除了認可自己的優點，應該也要對你期待的對方有所回應。」

沒錯，我都不曾發現屬下的優點。當你愛自己比愛對方多時，就會光挑對方的缺點，並且不自覺地以自己的期待值，任意且過分地要求對方。

若是不受負面情況影響而隨之喜憂，
以「正向的觀點」看待萬事萬物，
你的心應該更穩定，愛亦如潮湧吧。

盡量從另一面去觀察，會發現「這個人很熱心」、「很會接待客人」、「個性樸實」等優點，進而不可思議地忽略了他的缺點。或許真實的狀況是：給人打分數、下評論，本身就是傲慢的行為哩。

不論愛人、家庭、朋友、公司或社會，若強行用自己的期待值或價值觀看待，都會非常辛苦。相反地，若是不受負面情況影響而隨之喜憂，以「正向的觀點」看待萬事萬物，你的心應該更穩定，愛亦如潮湧吧。

扣分主義最恐怖的是，自己也陷入扣分主義中。

而且不只是因應你的期待值，還包括你對別人與社會任意設定的期待值。於是，你發現自己不管怎麼努力，都做不到一百分！除了感嘆「自己不行」、「自己不足」以外，毫無他法。這件事沒有解決的方法，因為追求一百分，根本是一件愚蠢的事！

與其悲嘆沒有的東西是扣分，倒不如認為擁有的東西是加分。開心地活，這一點將使你的心情更加輕鬆。不是對別人，而是對自己有所期待。為什麼？因為你是唯一可以改變的。首先，能活著就是一百分。接著認可自己的優點，不時褒獎一下、慰勞一下。期待自己「說不定能做到」，只要到達期待值，就給自己按個「讚」！

63

人不可能不放棄任何東西，而取得想要的

想要獲得以前，先對失去有所覺悟

前幾天，某位一心想要擔任管理職、三十多歲的單身女性說：「朋友們幾乎都是專職的家庭主婦，可是我不認為像她們這樣不需要工作是件幸福的事。女人的幸福真的就是這樣嗎？」

她似乎對自己的選擇感到迷惘。

另外，有的女性因為意外懷孕而辭去工作。她說：「懷孕固然高興，可是一想到要因此放棄自己想做的事，便不由得對於把工作交給別人感到懊惱，甚至流下眼淚。」

女性工作的方式，雖然因應時代不同而有所改變，不過大多數人仍是在「結婚、育兒」與「工作」之間二選一。長期來看，雖然也有兩者兼顧、同時因應狀況調整比重的第三種選擇，但是現實生活中困難重重。

觀察四、五十歲的女性，大致可分成家庭主婦、上班族，以及兩者兼顧的職

有陽光就有陰影，有陰影就有陽光。
當你了解世間絕不會只有好事、也不會只有壞事時，
就不會遭心靈包袱壓垮，選擇走自己的路。

業婦女。想要全部掌握相對困難，結果必定有得有失。例如，身為家庭主婦的女性雖然擁有重要的家庭，並且過著安定的生活，但是她失去經濟自主的能力，以及藉工作來自我肯定的機會。而以事業為生活重心的女性，雖然獲得經濟獨立的能力與社會地位，卻錯過了婚姻和懷孕的機會，最終放棄。或許某一天午夜夢迴，悵然若失，驚覺自己的人生「變成這樣了啊」。

不只女性的生活方式，我想，人世間的一切都是有得必有失，所以應該要有所覺悟：「不可能不放棄任何東西，而取得想要的。」

你必須在心底盤算取捨，該選哪條路才正確。哪一個對你來說比較重要，你想獲得哪一個。

其實反過來，也可以說「有失必有得」呢。

如果你只把目光集中在失去的事物上，就會看不到獲得的東西。失敗、失戀、失業、離婚、生病、生離死別……禍福相倚，不管任何倒楣事，旁邊都有小確幸。有陽光就有陰影，有陰影就有陽光。當你了解世間絕不會只有好事、也不會只有壞事時，就不會遭心靈包袱壓垮，選擇走自己的路。只要你往前走，前方一定出現光明的目標……。

64

活在自己世界的人
不靠別人，用自己的雙腳站立

我曾去許多國家旅遊，經常看到「這件洋裝好漂亮」或「那樣的生活方式很酷」，於是心嚮往之，但自己試過後發現完全不搭調，因此情緒低落……。例如穿在南國女性身上十分漂亮的鮮豔衣服，自己穿上之後卻感覺非常奇怪。原來那布料是與南國女性褐色的皮膚、當地的泥土與空氣互相搭配產生的啊。相反地，日本女性穿起和服就很漂亮。或許不只是身材與肌膚的顏色，重點在文化和傳統吧。總之，各式各樣的衣服代表各式各樣的世界觀。

這樣的情況也反映在個人身上。流行與生活方式不只是外表所見，亦代表工作、生活的哲學、思考的方向，每個人都有適合自己的路，以及自己要走的方向。看到別人的生活就想要模仿，心想「我也要這樣」，總感覺不舒服。同樣地，看見別人事業成功的模樣，而採取相同的方法工作，並不擔保你一定也會成功。

當然，有時模仿別人是會成功的。可是，通常模仿別人，因為與自己的人格

肯定對方，但在學習的過程中「自己做自己」，就萬事OK。

特質不合，不易成為「自己的東西」。

我想，與其去做另一個自己，倒不如發揮自己的最大極限，好好生活。

不管在哪裡，抬頭挺胸地過日子，應該是最自然的生活方式。勉強配合對方的世界，不但暴露自己的弱點，也會使自己扭曲，變得非常奇怪。肯定對方，但在學習的過程中「自己做自己」，就萬事ＯＫ。

綜觀世間，有人積極地活在自己的世界，也有人活在別人的世界裡。有自己世界的人比較有魅力，他們不會無理地配合別人，有自己的想法，擅長某件事，並且以此維生，對喜愛的事傾注熱情……。與其說別人的世界叫他「應該這樣」，倒不如說他是以自己的世界「想要這樣」為軸心，他們活得自主，神采奕奕。沒有自我的人必須配合別人才會安心，依賴別人的評價而活。他們最大的問題是腦子裡一片混亂，「這樣也好，那樣也不錯」。我相信這樣的人一定對自己、對自己的判斷沒有信心。他們不了解自己，只知道依賴別人和四周環境而活，永遠不會打掃內心塵積的包袱。

人若對自己有興趣，就不會對別人的事太有興趣。

了解這一點之後，你應該更加積極獨立，不要依賴別人。

挺起胸膛，抬起頭來，去過更自由的生活吧。

65

知道放鬆

自己選擇在「因為想要這樣」的範疇內行動

笨拙的人只會拚命往前走，不知放鬆的要領。我以前也曾經這樣，所以很清楚問題的所在。我當服飾店店長時，從早忙到晚，連吃午飯的時間都沒有。經常是早上起來先去打點滴，再去上班。

醫生說：「把工作辭了吧。」我回答：「現在無論如何辭不掉。」「你要是再不當心，這樣工作下去，總有一天，你就一輩子得躺著休息了。」醫生這樣警告我。的確，沒有人能持續超時過度工作。全力疾走之後，總有一天會倒地不起。

假如你想持續工作下去，就需要休息，消除肩頭壓力。現代人的工作時間很長，為了善用能量，必須了解「施力重點」和「放鬆重點」。

不過，我那時為什麼會「全力疾走」？現在回頭檢討，應該是因為我有太多「非……不可」的壓力與「不……不行」的危機感。我一定是感到自己的立場搖

未來還很長。不要光顧著全力疾行，

向前邁進時放鬆心情，享受外界的風光吧。

搖欲墜，因此有非努力不可的不安和恐懼吧。人在緊張時，經常會著急地想「要再快點、跑——」（那樣的感覺），因此一點也不快樂。他們無視周遭環境，在不該用力的地方徒然用力，該用力的地方卻沒使力。如果碰到無法依賴別人、某人又跟自己不合時，就會勃然大怒：「枉費我那麼努力！」由於心靈沒有餘裕，很容易努力過頭，這樣的行為反而更加逼迫自己陷入毀滅的絕地。

我希望能有細水長流的事業。當你想著「有點辛苦」時，不妨對自己說：「偷個懶吧！」然後，你會發現「柳暗花明又一村」，或者「不，做到這裡就好了」。若有其他的選擇，跨欄的欄杆也比較低。不是「非……不可」，而是自己選擇在「因為想要這樣」的範疇內行動的話，肩頭的壓力就會放鬆。

同時，當你做討厭、不擅長的事時，神經將會磨損。所以請減少負擔，選擇喜歡的、擅長的工作，當可順暢發揮力量。

放鬆後，緊繃的壓力一旦消除，就成了你可以運用的力量。過度用力，可能會起皺紋。為了珍惜重要的事，注意不要把行事曆排得太緊。未來還很長。不要光顧著全力疾行，向前邁進時放鬆心情，享受外界的風光吧。

Chapter

4

給無法
收拾心靈包袱
的你

與「堆積在心間」相對的是
「心有餘裕」，也就是接受現實。
心靈只要有餘裕，人就會變溫柔，
也會湧出向新事物挑戰的能量。

66

包袱堆積在心間 來一一整理吧

藤子不二雄A曾經畫過黑色漫畫《Smiling Salesman》，描述在一個想辭去工作、嫁給高富帥、嚷著家裡不打掃不行、懷抱種種不滿與不安的人面前，突然出現矮冬瓜男士，遞出這樣的名片：「愛、埋在心田……」這位男士名叫喪黑福造。任何有煩惱的人只要許下心願，他就會幫你免費實現，代價是「不可以說出去」的戒條。然而人心是多麼脆弱啊。願望實現後，升起欲望和貪念，破了戒，以致踏上不歸路。總之結局非常出人意料……。

當我們不滿足時，失去什麼以致寂寞空虛時，對未來產生不安時，會把負面的情緒堆積在心間。

人一旦落入這個境地，就背負起討厭情緒的「包袱」。倘使我們過於心急、想把情緒埋進心底，反而更加緊緊抓住，陷入遭趁人之危的惡德業者欺騙、過度依賴等危險狀態中。

心靈只要有餘裕，人就會變溫柔，

也會湧出向新事物挑戰的能量。

不過，心靈的包袱非得自己扛起來不可。《Smiling Salesman》讓我們知道：太過依賴別人、任憑對方掌舵的話，人生會失去自由，陷入可怕的境地……。

不過，所謂「心間」指的是什麼與什麼之間呢？

我想，那是指自己的「期待」與面對「現實」之間的落差吧。倘使現實的容量裝不滿期待的容量，我們就會心存不滿與痛苦。若無法承認「事不如意者十之八九」，進而想「說不定問題能夠解決」的話，那麼就一定會受不滿左右。如同喪黑福造提出的條件，如果我們連「只有這個不得不遵守」的包袱都不顧，想要任意而為的話，難怪要倒大楣了。

與「堆積在心間」相對的是「心有餘裕」，也就是接受現實。心靈只要有餘裕，人就會變溫柔，也會湧出向新事物挑戰的能量。

倘使你感到心中開始堆積雜物，請盡速把所有的東西都倒出來清理，這樣就不致有滿溢的情況，同時現實與期待之間也能獲得折衝。「想也沒用，不妨丟開吧」，「這件事留下來，以後再解決」，就這樣一一收拾心中的包袱吧。

67

怎麼處理罪惡感這個包袱

最優先要做的事是什麼？

和日本的女性聊天時，時常感到「罪惡感」這個沉重的心靈包袱。而且與其說是「做了什麼壞事」或「做了什麼過分的事」，不如說是對沒做的事產生罪惡感。

例如，對公司感到罪惡感，「公司對我有很高的期待，然而我卻無法達成，因此感到十分內咎」，或是對家人感到罪惡感，「任性地讓父母供我上東京的私立大學，結果我卻無法照父母的期望找到好工作，真是抱歉」。

特別是父母或子女經常會對家族抱持罪惡感，關係愈親密愈嚴重。

「不能讓父母抱孫子，我這個女兒真是不孝。」

就算有小孩，把哭叫的孩子丟在一旁去上班，也是一件跟罪惡感奮鬥的事啊。雖然沒有做壞事，可是當自己無法符合別人的期待時，就會對自己生氣，「都怪我」、「我真是壞人」，陷入自我厭惡的情緒中。當你感受到別人的痛苦，自己的幸福就會踩剎車。

你有罪惡感，證明你重視對方；

但別忘了，身邊的人和家人也都希望你幸福。

我們為什麼會產生罪惡感？一定是內心的規範告訴我們：「某某說不ＯＫ，我就不ＯＫ。」可是這個規則的產生，有著許多糾葛。許多時候，我們要走的路不見得是別人期待的路。怎麼做才能不傷害任何人、不給任何人帶來痛苦，真是煞費苦心。

我們應該認為，自己能夠按照所想行進，是非常幸運的。

因此我們確信：「哪怕某某覺得不ＯＫ，我也ＯＫ。」選擇原諒自己、原諒不完美的自己。哪怕大家都罵，只要自己原諒就好。由於自己審判自己，應該沒有不可原諒的事吧。

你有罪惡感，證明你重視對方；但別忘了，身邊的人和家人也都希望你幸福。所以你更應該傳達出感恩的心，讓大家看到你幸福的樣子。

當你感到罪惡感已經變成心靈的重負時，請告訴自己「夠了」。

不管別人怎麼說，只有你能決定自己的道路，因此你只有坦然接受結果。原諒自己需要溫柔和勇氣。不管別人怎麼說，自己原諒自己就好。

68

怎麼對待孤獨這個包袱

改變態度，認為一個人也不錯

我認為現代的社會容易感到孤獨。儘管就物理面來看，社會上有許多人，不過人們大多只為了特定的目的，做合理的聚集。心靈方面很少會起波動，或者進行溫暖的交流、強力連結。

這麼淺的人際關係不需要設計開口，也可任意而為，只不過你我可能驀然回首，會感到強烈的孤寂湧上心頭。

尤其是當我獨自在沒有熟人的城市生活時，這種感覺更加強烈。身邊人來人往，雖想跟他們「有所牽繫」，卻無法產生任何關係，那種疏離不安的感覺，讓人心情紊亂。由於人本來就是群居動物，若是離群索居，就會有生存的威脅。沒有人相伴，一個人吃午餐，沒有自己的住處，生病時連一個可以拜託買藥的人都沒有時，你會感覺好像生活在都市沙漠裡，自己一個人站在飛揚的枯木之間，獨自品嘗寂寥。

孤獨是最大的自由，也是你解放自己、面對自己的機會。

能夠活用孤獨、為自己增加深度的人，

就是魅力十足的人。

你以為世間一切都拒絕了你，其實不然。早上出門時，鄰居爺爺不是對你親切地打招呼、道聲「早安」嗎？職場上那個關心你獨自生活的女性，不也溫暖了你冷漠的心？當你感覺寂寞時，一定感覺世間，不，甚至連自己都無法信任吧。但是「我就算一個人也不要緊。不過，世間或許還是有溫柔的人，可以跟我做朋友或談戀愛吧」。假如你這麼想，就不會再感覺寂寞。也就是說，假如以「非得和別人有關係」為前提的話，就會感到寂寞。

寂寞時若受其擾，想物理性地與人在一起，或想得到強烈刺激、進而依賴這種刺激，亦無法解決問題。若陷入獨自一人的狀態時，不就讓孤獨追著跑了嗎？倒不如敞開心房歡迎孤獨，「就算一個人也不錯」。不只是卸下孤獨的包袱，應該說，若不擁抱孤獨，就無法獲得解放。請好好面對眼前的世界，嘗試追求想做的事，樂於活在自己的世界，並且感謝周圍的人。把這兩件事放在心中，你就會跟孤獨做朋友。

孤獨是最大的自由，也是你解放自己、面對自己的機會。能夠活用孤獨、為自己增加深度的人，就是魅力十足的人。「一個人無妨，有人陪伴更好」，帶著輕鬆的心情追求自我了解、重視與別人相處的時間。孤獨這個包袱說不定會變成你的幫手哩。

69

怎麼對待家人之間的孤獨

承認家人有各自的世界

我們不會因為有家庭，而卸下孤獨的包袱。某位朋友是個家庭主婦，面對不愛說話的老公和青春期的兒子，她常說自己單身的時候還不會像現在寂寞呢。

「我跟老公說話時會感到焦躁，所以只跟他交代要做的事。兒子整天只知道玩手機，吃飽飯就關進房間。照顧雙親搞得我筋疲力竭。我時常會因無性生活而寂寞。我總想著，這樣的人生好嗎？」

雖然有家人，但是找不到幫手，也沒有人了解，獨自品嘗與社會隔絕般的孤寂。我想，無法獲得認可的焦慮，似乎不只是自己的問題。

但是，這些或許只有你自己才能解決。因為不管你有多少家人，都無法控制他們。

你的孤獨感好像內心空了一角那般。

大概你的內心深處藏著「親愛家人」、「親密子女」這樣的理想家庭大合照

能自然地呼吸生活、家人各自獲得幸福，
比互相了解來得重要吧。

吧。當理想與現實脫節時，就會感到寂寞……。

然而在現實生活裡，沒有理想的家庭。這些因緣際會所創造的家庭，有著無可取代的價值。就算因為「種種原因」而分開，或暫時不在一起，彼此之間仍有很強的羈絆，想要共同生活，這就是家人。請正視這些無形的價值。

不管我們有沒有家庭，請務必了解我們仍需一個人邁向人生的道路。因此重視自己的世界，也尊重家人的世界。不要悲嘆「為什麼不幫忙」、「話不投機半句多」，自己先敞開心胸傾聽家人的話，也誠實說出你想說的話（不過，請注意說話的方式）。

家人之間的牽絆既不埋在心中，也不接近理想，而是在日常生活中不知不覺創造出來的。有時可能會彼此不了解。不過我想，能自然地呼吸生活、家人各自獲得幸福，比互相了解來得重要吧。

我在高中曾經有段逃學的危險時光。那時母親對我說：「我只要小孩活著就好，你怎麼生活、你的人生觀，都和我沒關係。」我當下明白父母不會插手，第二天就乖乖去上學。直到現在，我都很感激母親，她這句話是讓我學會自立的關鍵。

70

怎麼對待虛榮心的包袱

找到任何一個可能變成「自尊心」的機會

我們跟人接觸時，難免會有「虛榮心」吧。

因為懷抱著希望別人認為自己不錯、讓別人認可的虛榮心，女性才會想要更美麗，也努力追求內在成長，以期變得更有魅力。

可是虛榮心經常會變得不合理。例如老是一邊說：「我啊……」一邊炫耀自己的衣服、東西，嚷嚷著：「你看！」結果全是名牌；或是誇耀自己過去的光榮歷史、丈夫家世、公司、家人；為了貶低別人，故意說人壞話……這些行為都會讓身邊的人感到索然無味。抬頭挺胸固然沒錯，但是把自己看得太重的行為，說不定正透露出你有自卑感呢。你不願承認自己有這種執著，可是無法分出勝負時，就會對周圍過度恐慌，失去應有的修養……。對這些人而言，讓人瞧不起是非常恐怖的事。他必須站在高位，才會安心。

德國社會學家滕尼斯（Ferdinand Tönnies）說：「因著虛榮心，別人成為鏡

當你卸下虛榮心這個包袱時，
就表示你找到「自尊心」。

子；因著利己心，別人成為工具。」虛榮心強的人看起來好像是靠對方的獎賞、態度來測試自己的價值，但其實他們只關心自己，對別人毫無興趣。因此真實情況是，他們無法與別人心靈相通。再來說利己心，對自我意識強烈的人而言，他們只在乎別人是否能為自己所用、幫助自己而已。太愛自己，相對地就會遠離別人。

另外，虛榮心強的人也會不斷感到別人的目光所帶來的壓力，因此心靈無法平靜。我想，依賴別人評價的人是怯懦的，因此活得相當辛苦吧。

當你卸下虛榮心這個包袱時，就表示你找到「自尊心」。那不是別人依據外表或工作成績對你的評價，而是你對人溫柔體貼、懂得感恩、完成小目標、擅長的工作所留下的實績……。任何人應該都能夠發現「這件事我行」的自我內在價值吧。只要有一丁點值得自誇，就不必在意自卑感與別人的評價。

當虛榮心消失時，你會變得更謙虛，同時承認別人的好：「你真不錯。」不只大家在同一水平上提升，「別人是別人，自己是自己」，與其從別人眼中肯定自己，不如自己求取實質的幸福。與別人的評價相比，自我滿足、接納更重要。

不在乎別人的反應，誠實面對自我。假如你只一味地追求別人眼中的幸福，那麼你將永遠不會得到真正的幸福！

71

怎麼對待憎恨這個包袱
快快掙脫才是贏家

「無法原諒！我恨他，恨到你死我亡、玉石俱焚也無所謂！」

引起這場騷動的原因是K女士的外遇。有家庭的不是對方，而是K女士。但當她知道對方另結年輕的新歡之後，完全失去理智，變得躁動不安。

「我其實是知道有危險的。我們交往多年，我在他的身上花費許多時間和金錢。為了他，我無法愛自己的丈夫。遭他背叛，讓我對人失去信心。我該怎麼處理自己混亂的人生？」會發生這個情況，應該雙方都有錯吧。但是對K女士而言，她認為：「我是受害人，對方是加害者。」恐怕還有「沒有他就活不下去」的強烈依賴。正因為愛得過火，恨意也特別強大。由於心靈沒有餘裕，她完全看不見「我也有錯」，當然會事事都不如意了。

任何人在人生當中大概都有感覺「無法原諒」的人吧，像是小時候對你做出過分行為的同學、用惡毒言語辱罵你的同事、輕易甩掉自己的愛人。你連想起他

與其說「原諒」，不如說是「不想費心」，不想把心思放在負面能量上。

們，都會懊悔、憎恨得淚流不止。

不是「無法原諒」，而是「不想原諒」。憎恨，與其說是執著於傷害自己的對方，倒不如說是執著於受到傷害的痛苦。因為那執著的心尚未療癒，所以無暇回顧自己。

憎恨的包袱像毒藥一般腐蝕你的心，阻礙你獲得幸福，一點好處也沒有。你應該為了自己，快快掙脫出來。

當我對某人升起憎恨之心時，就會對自己提出三個疑問。

首先，「希望自己是什麼樣的人？」我希望能做個「不是只把責任推給對方，自己也勇於承擔責任」的人。不想做一個憎恨別人、自己也想不開的人，想做一個心情穩定、看待一切「沒什麼了不起」的人。因此與其說「原諒」，不如說是「不想費心」，不想把心思放在負面能量上。

接下來要問的是：「難道都沒有值得感謝的事嗎？」除了求學順利、獲得好經驗，也曾經發生過快樂的事，這些都算「值得感謝的事」吧。就算遭逢災難，也必定有值得感謝的好事發生。因此不停憎恨是很愚蠢的。

最後的問題是：「是為了自己的幸福嗎？」只要眼前展開邁向幸福之路，你要忙的事可多了！到時，你的心完全沒時間去關注憎恨。

72

怎麼處理莫名的不安

有接受的覺悟

常聽人提到對曖昧不明的煩惱，「莫名的不安……」

例如：「難道要一輩子單身嗎？」「難道就以派遣員工的身分終老嗎？」「老了以後可以領到退休金嗎？」「生小孩以後，能夠再次就業嗎？」「丈夫會不會遭到裁員呢？」這些不安源自未來的「無法預見」。

人類有趨吉避凶的本能，因此遇到威脅時會產生不安。不論健康、經濟、人際關係、精神層面，只要有些許不安，就會胡思亂想，把不安變大。換句話說，你擔心的未來不一定真的不幸。但當你感到不安時，就表示現在已經有些不幸的事發生了。

我也曾陷入不安的情緒，那時我剛剛辭掉工作，當自由攝影師。由於沒有固定的收入，不安定感讓我覺得前途一片黑暗，用錢時也戰戰兢兢。然而不安是會疲憊的。就算對以後的事想破頭，也賺不到一文錢。最後只能腳踏實地注意眼

只要你有跨越難關的勇氣、坦然接受現實的覺悟，這樣就夠了。

前的工作。沒有工作時，就找其他的外快兼差，補貼收入，多多少少可以過日子。當我這麼想時，就會樂於工作，也敢嘗試接二連三的挑戰。當我們對無知的未來產生不安時，恐怕是過於放大對未來的恐懼，同時逃避、不敢面對問題吧。

整理不安的包袱時，大致有「具體面對，尋找對策」、「用行動消除不安」兩個方法。茫然面對不安，絲毫無益。例如，當你有是否能再就業的不安時，不妨採取「收集資料」、「取得資格」、「投履歷表」等對策，然後實際執行。只要開始行動，不安就會漸漸消失。最後的手段則是，有「不管未來人生如何，都坦然接受」的覺悟。只要你有跨越難關的勇氣、坦然接受現實的覺悟，這樣就夠了。

重要的是，要靠你自己解決不安的問題。倘使你依賴別人解決，不安還是會再度找上你，讓你的前途更加不明，你也會更加裹足不前。

說實話，我並不會討厭不安這個包袱。當我擔心「接下來沒工作」時，就會更認真努力；擔心「沒有體力」時，就會更勤於鍛鍊身體……。或許沒有不安，我就會怠惰起來呢。因此對我來說，不安其實就是「動起來」，是為我注入活力的包袱。

73

怎麼對待有氣無力的包袱

從魚的實驗學到的事

任何人都有「什麼事也不想做」、「懶得動」這樣有氣無力的情況吧。假如是拚命過後的「燃盡症候群」或迷失目的等情況的話，由於理由明確，要解決並不困難。

當你覺得「有點累」時，只要轉換心情、放慢腳步，就會再度湧起「又可以大戰三百回合」的拚勁。另外，像是自我享樂的提示，比如想著「週末要去泡溫泉」，就可以一整個禮拜都精神百倍；發現新目標，就可以轉換跑道，重新開始。當我發現自己對工作提不起勁時，就會不管三七二十一，先找容易的事、喜歡的事開始，然後漸漸地能量自然湧出。

我們可以利用整理環境、獲得讚美等外界的力量，引發動力；也可以重新設定目標，從內在引發能量。最終手段是在「不做不行」的危機感中，逐漸恢復動力。

問題是當你陷入原因不明的長期無力感中，這時你的心可能已經有某部分受到損傷。本來應該像孩子一樣好奇，專注在某件熱衷且有興趣的事上。原本眼神閃耀光采的年輕人，眼神漸漸變得黯淡起來，說出「不管怎麼做都沒用」，或是「好麻煩」、「不可能」之類的話，陷入不論做什麼都覺得麻煩的狀態。

當你感到有氣無力時，請跟朝氣蓬勃的人在一起吧。

每當我看到這樣有氣無力的人時，就會想起一個魚的實驗。

在水槽中用玻璃隔間，一邊放幾條梭子魚，另一邊放一些作為魚餌的小魚。梭子魚當然很想去吃小魚，可是因為隔著玻璃，所以吃不到。過不久，梭子魚就沉到水底，動也不動。然而驚人的是，就算拿開玻璃，梭子魚依舊對游在身邊的小魚視而不見，也不會去吃。由於不吃小魚，梭子魚最後只有餓死。不過，有一個辦法可以讓梭子魚開始吃小魚，那就是再放一條新的梭子魚進水槽。當原來的梭子魚看見新來的魚唏哩呼嚕地吃起小魚時，就會明白：「什麼啊！原來已經吃得到啦！」然後跟著進食。

無力感來自絕望，或是看不到希望，你已經忘了什麼是生氣蓬勃。因此當你感到有氣無力時，請跟朝氣蓬勃的人在一起吧。

利用看書或電視來打氣，當然沒問題。不過假如能實際與有幹勁的人相處，應該更能自然湧出「我也得提起勁來」的力量呢。

74

怎麼對待自我厭惡這個包袱

思索如何滋生對自己的信心

我曾經碰到對自己極度厭惡的女性。

「我只會看到別人不好的地方，也常說出不得體、多餘的話，讓氣氛變糟。有時候會與別人起衝突，說人壞話。我知道大家都很討厭我。我想，我真的是很差勁。」

總之她嘆息著，不斷嫌棄自己。除了她，還有許多女性對自己有各式各樣的厭惡，比方說，「對孩子說出過分的話」、「又辭職了」、「不斷犯錯」、「依戀愛人」等等。雖然這樣厭惡自己非常辛苦，不過至少是承認自己有不好之處，並且企圖改善……首先，有這樣的自覺，不是很好嗎？怕的是你毫無自覺。

不過，沒必要陷入自我厭惡當中。任何人都有不好的地方，只要能反省「下次可以怎麼做」就好。就算厭惡自己「我真糟糕」、或是對自己失望，也於事無補。只會讓你更加對自己沒自信、更加不積極，陷入惡性循環當中。自我厭惡會

遵守小小的約定，然後肯定自己，對自己的信心便油然而生。

粉碎想要成長的心情與能力。隨著事情進展不順利，你理所當然的更加認為：「看吧！果然都是我的錯！」但是人若不愛自己，又怎麼會有能力去愛別人？你應該是自己的頭號粉絲才對，現在連你都不愛自己，這樣的你不是太可憐了嗎？

自我厭惡的包袱該怎麼整理呢？當你產生「討厭自己」的情緒時，要誠實面對「這就是我」，「這樣也不壞」。誠實面對不是放棄，而是承認不完美的自己，想著「有壞就有好」、「現在很糟糕，不過以後會變好」之類的，要對自己有信心。自己雖不完美，但也不至於無藥可救吧。

假如你能夠無條件地喜歡自己，那真是太棒了；倘使你做不到，我在這裡教你一個辦法。

那就是遵守與自己的「小小約定」，然後獎勵自己。想一想，我們信任什麼樣的人？應該是記得小事且遵守約定的人吧。事情雖小，卻很重要。「今天要做完這件事」、「明天打電話給父母」，遵守小小的約定，然後肯定自己：「做得好！」「我也可以的，不是嗎？」對自己的信心便油然而生。只要你相信自己，自我厭惡的包袱就消失了。

75

由於自卑，才會向前走

怎麼對待自卑感這個包袱

沒有任何一個孩子生下來就有自卑感。大家都是到學校，和同學相比以後，感到別人的目光，認識自己的缺點，才會產生自卑。可是這樣的自卑感，多半出自單純的自我評價。

比如外表或個性上的自卑，當事人很在意，別人卻不見得在乎。本人覺得「因為太胖，男生都敬而遠之」，其實男生只是不喜歡她陰鬱的形象，也有胖胖的女生很有男生緣。

因此有缺點不是問題，你以負面的心態看待，才是問題。有人因為畏懼別人品頭論足，乾脆誇大其他部分，或者口氣、態度強硬，宣示自己的優越性。

若問女生們：「你什麼時候感到自卑？」答案意外的微小。

「看到朋友戴漂亮的珠寶首飾，想到自己連去沙龍美容的閒暇都沒有的時候，就會感到難為情。」「我對於不論結婚或是工作都無法超越母親，感到自

如果你能想著「多虧自卑感」而心懷感謝，
自卑感這個包袱就產生了利用的價值。

卑。」「因為學歷，在公司或姐妹會臉上無光。真後悔，早知當初去念短大就好了。」

就這樣，拿別人有的與自己沒有的相比，任性的沉溺在自卑感中。比較執著的人，這樣的想法特別激烈。雖然自己有許多優點，卻置若罔聞。就算對好事心存感激，若碰到壞事仍立刻崩潰：「果然還是不行！」

不過，自卑感很難消除。我也一樣，有時會想「我真不錯」，有時會覺得「自己很糟」，不過總會湧起「因此要加油」的心情。這種心情超越自卑感，反而成為正向的動力。與其想「都怪自卑感」，不如利用「自卑感」來得輕鬆。如果你能想著「多虧自卑感」而心懷感謝，自卑感這個包袱就產生了利用的價值。

我想請教女性朋友一個問題。

「假如要把你至今的人生和人交換，你會選擇誰的人生？」

大家各有不同的說法，答案倒是一致：「沒有人。」雖然世上有許多很棒的人，你卻無法與他交換人生。也就是說，儘管有自卑感，你還是覺得自己的人生無可取代。這是因為，你仍眷戀自己擁有、構築、感覺的一切。去愛你所擁有的一切吧。

76

想捨棄無謂的面子

怎麼對待愛面子這個包袱

常聽人說「礙於顏面……」，然後就是「因此無法道歉」、「無法做這樣的壞事」、「無法參加尾牙的搞笑表演」，甚至「我無法容許把自己搞得那麼慘」之類維護面子的話。愛面子的人，給人虛榮心強的驕傲印象，這對周圍的人來說不是件好事。可是若因自傲與自尊心的緣故，「把事做好是面子問題」、「為了面子，最後自己一個人完成」，也不失為一件好事。

假如你講究「由於不希望失敗，乾脆不做」，或是「因為不希望遭到拒絕，所以不去請託」這種表面的驕傲，那真是給自己找麻煩。由於不願意暴露悲慘的、難為情的自己，你自我限制了行動和可能性。以「小小的驕傲」為盾牌，把自己縮進殼中，好保護自己不受傷害。為了償還借款拚命工作的老闆、為了孩子賣命的單親媽媽，他們常說：「面子算什麼！」對他們而言，與其說捨棄面子，不如說他們要守護的東西比面子更重要。

能夠捨棄無謂的面子，
也就捨棄對人的敵意。

有人隨著年齡增長，愈來愈講求面子，行動也愈狹隘；但是也有人正好相反，行動範圍更加寬廣。例如有人對簡單的事，不管對象是誰，一律不恥下問：「我不太清楚，可以教我嗎？」也有人「嗯」的假裝知道。前者就算挨罵「連這麼簡單的事都不知道」，也一笑置之，不為責罵所傷。相信自己和別人，就敢徒手搏牛。他們不怕失敗，反而能去做想做的事。

後者則是猜疑心強，不信任別人與自己。他們害怕受到恥笑或責罵，不管對方說什麼，都感覺受傷甚深。為了隱藏自己的弱點，他們將面子這個盾牌加厚，不肯傾聽別人的意見，變得愈來愈頑固。

能夠捨棄無謂的面子，也就捨棄對人的敵意。

雖然對你而言，「我有……」的自尊心是支撐你心靈的力量；然而一旦失去，就連自尊心也蕩然無存。或許真正的面子不是在於你擁有什麼，而是相信「我和我的人生有其價值」的無條件信任吧。若能同時兼顧「我沒什麼大不了」的謙虛和「我是無法捨棄的」的自愛，豈不最好。

77

怎麼對待嫉妒這個包袱

隨時隨地終止嫉妒

現代社會不可諱言地交織著「遭嫉妒」與「嫉妒」。不只嫉妒別人，也嫉妒自己。

以前講究年資的社會，由男性掌權，因此自己與大家都能夠理解晉升之路如何。現在年輕一輩得意洋洋地嚷著：「今天起我升科長囉！」更加讓人討厭。

生為女性有許多選項，有人會因此產生「輸家的感覺」。遇到單身同伴要結婚時，會酸溜溜地說：「結婚很辛苦喔！」公司裡有正式員工、派遣員工、混合型員工，大家立場紛亂，以「樹大招風」為名予以嘲諷、扯後腿、說壞話的情形層出不窮。每個人都想把嫉妒隱藏起來，更不承認自己有嫉妒心，在這種情況下懷抱著厭惡感，終會忍不住爆發累積的不滿。

換句話說，隨著「自由選擇」與「自我責任」變大，倘若不停止比較，一定會產生自卑感、敵對心，感受到「嫉妒」的心痛。

不管什麼樣的人，都有不同的立場，
也追尋著不同的道路。

根據心理實驗報告，人們對於與自己「親近」的人，比「優於」自己的人更容易產生強烈的嫉妒心。或許是你無法容許「那傢伙有什麼了不起」的不公平感，和「為什麼是那傢伙」的不合理感吧。在嫉妒的深處潛藏著「而我卻……」，自我無法得到認可，無法獲得滿足。

為了減輕嫉妒的包袱，想著：「我也要和那人一樣，加油！」你雖然可以利用嫉妒心，不過持續不斷地比較，痛苦的感覺無法消失。人們只有停止隨意地比較，想著「人是人，我是我」，把注意力集中在自己的快樂、喜悅與成長上，才能獲得幸福吧。然後不要忍耐，去做自己想做的事。回過頭來，發現「我也有自己的優點」，認定自我的價值。不管什麼樣的人，都有不同的立場，也追尋著不同的道路。看到別人的優點，說出「好厲害」、「真敬佩」等褒獎的話；面對別人的成功，跟著一起高興、讚歎：「好極了！」只有心底潛伏的「敵意」這個包伏徹底終止，你才會有鬆口氣的感覺。

另外，當你生起嫉妒心時，只要認明「我想要她的東西」，以及「但是我並不需要那個東西」、「我還需要再努力」，就能終止嫉妒。

當你遭受別人嫉妒時，會發現自己不再得到讚賞，那時請不要在意。「請教我吧」，不妨站在對方的立場，這時，夥伴就會出現。

78

怎麼處理負面記憶

想著「多虧有這個好機會學習」

有一個高中女生讀了我的書，發給我一封電郵。

「我以前曾經在人際關係上受過很深的傷害，所以超乎尋常的敏感。我對自己沒有自信，對上學感到非常恐懼。雖然沒有特別挨罵或受到欺負，但我總覺得大家似乎都討厭我。不過，當我接受這個情況後，便能逐漸向前邁進。同時，只要想著不可能取悅所有的人，就會感到輕鬆起來。」

不只孩子，大人也經常發生類似的狀況吧。受過傷之後變得不積極，遭過去的失敗打倒、受別人的言語控制，以致失去自信。過去的舊傷永遠無法痊癒，甚至怯懦不前。

例如有人「失戀的傷痛無法痊癒」，不斷訴說前男友的事；也有人「很難忘記暴力騷擾與性騷擾」，以致對人猜疑心重；更有人「從小就被罵笨」，因此認定自己是個笨蛋。

讓「過去」抓住，就會失去「未來」。

可是，現實中，此刻的他們都沒有實際的「受傷」。有人就算發生了相同的事，也不以為意。心靈的傷痕來自太過執著自己創造出的不好「記憶」，只要出了什麼事，就像打開開關似的，把不好的記憶取出，頻頻回顧、一再反芻。

災害、車禍、犯罪等深刻創傷，或許需要別人幫忙。

假如你不想讓別人幫忙，不妨這樣想：傷害你的人，是為了要在你的人生舞台上「給你試煉，幫助你成長」，才扮演壞人。相反地，你也可以固執扮演「不幸的悲劇角色」。你要選擇哪一個人生的劇本？

與其固守悲劇英雄的角色，你是否更希望能儲備困難為糧，創造幸福的結局呢？

儘管對目前的生活不是百分之百的滿足，但若有「明天會更好」這種對未來的期望，你的心情自然變得輕鬆，行動也會比較積極，對過去的執著就會減少。讓「過去」抓住，就會失去「未來」。不管任何事物，皆隱藏值得我們學習的地方。過去負面的記憶或許是正面學習的教材呢，「多虧有這個好機會學習，才能夠稍微成長」。

79

怎麼對待後悔這個包袱

與後悔做過的事想比，應該會對沒做的事更後悔

後悔有兩種，一種是想把某件事用橡皮擦擦掉的後悔，另一種則是很想拿起筆重寫的後悔。

從「唉呀，東西買錯了」、「要是沒這麼說就好了」這樣輕微的後悔，到「選錯上班的公司」、「那時沒跟他分手就好了」、「如果父母親還在世時，能盡點孝道就好了」這樣錐心之悔。

後悔的包袱就這樣拖拖拉拉放不掉。請一一面對，並且解決它。

首先，後悔分「做過的後悔」與「沒做的後悔」。做過的事出了問題，想辦法解決就好。

比如東西買錯了，就轉賣給別人；這間公司不好，再換一家上班。最近我有一對六十幾歲的朋友結婚，他們終於達成「想跟初戀結婚」的心願。想重做的後悔、沒做的後悔，現在開始去做吧。

「痛痛快快地生活，沒有任何遺憾」，
想做的事不要猶疑，快點去做吧。

所謂後悔，多半起因於「想符合自己期待」的欲求不滿。因此找出期待與現實的妥協點，「這部分差不多就好」，也是一個解決的方法。

接下來，「沒做的後悔」與「無法重來的後悔」是只有你自己才能解決的。像笨蛋波恩的爸爸那樣，喃喃地說：「這樣很好。」這句話絕對讓人感覺到，他已有接受一切的覺悟。

我整理後悔這個包袱時，使用「這樣很好」的說法，全面性肯定「現在」。「過去」只是進展到「現在」的一個過程，因此「這樣很好」。不管碰到多麼辛苦的事，只要認為那是構築現在的重要因素，就會升起感恩的心，感謝一切。即使現在的狀態仍不如你意，也要想著「還好」。不論過去或現在，都不只有你自己的想法，亦包括許多事情交錯重疊。有這樣的因，才會產生那樣的果。

另外，「不後悔地活下去」則是不後悔的方法之一。當我們面臨人生最後關頭時，與後悔做過的事比起來，應該會對沒做的事更加後悔。在美國看護安寧病患的護士曾說，垂死者通常都會後悔「如果當初冒險就好了」。「痛痛快快地生活，沒有任何遺憾」，想做的事不要猶疑，快點去做吧。

80

怎麼對待憤怒這個包袱

找回心靈的柔軟

據說經常生氣的人會短命。因為神經緊張導致血管緊縮，使血壓與心跳增加。若說不要生氣，把脾氣壓抑下來，日子一久，壓抑的情緒就會侵蝕你的身心，變成很大的壓力。

我們身邊的確有許多人讓人生氣。公司裡傲慢的晚輩、無能的前輩、什麼事也不做的老公、愛找碴的親戚、找麻煩的鄰居。經常感到：「啊？不是吧？」一瞬間怒氣到達沸點，眼眶溢出後悔的眼淚，這樣的情緒總要延續好幾天，搞得你筋疲力竭，能量消耗殆盡，好像真的會因而短命。

我們生氣的時候，不管什麼狀況，全都認為「自己是對的」，然後「對方是錯的」。可是，這樣會不會太一廂情願？為什麼？因為若站在對方的立場來看，搞不好也認為「自己是對的，對方才是錯的」！說不定對方對於你的指責，也勃然大怒地說「什麼東西」哩。不管你怎麼生氣都無法改變別人，對方也有辯解的

想生氣時不生氣，該生氣時要生氣，

才是成熟的做法。

理由，因此實在沒必要為這樣無謂的爭執，浪費你的生命。同時，胡亂發脾氣也會讓你失去信賴感、自尊心等重要的東西。

不過，容易發脾氣的人與不常發脾氣的人，差別在哪裡？我想在於接受人事物的心靈餘裕和柔軟度有所不同。當你發脾氣時，表示你正執著於心中那個小小箱子（世界）裡的東西。易怒的人打不開心靈之箱，想法也無法柔軟。就像運動不足時身體會萎縮，心靈也會變得僵硬。由於自己的世界沒有餘裕，因此無法接納別人，也不能接受現實。可以說，怒氣是因為有莫名的恐懼，想拚命保護自己而生的。

不過，只要你用心，就可以逐漸找回心靈的柔軟度。就算現實與自己的期待不同，也要訓練自己接受「原來事情也會這樣發展啊」。就算傲慢的晚輩、無能的前輩，也有他們不得不如此的理由，因此沒法子啊。經過「接受」事實的訓練，你將發現其實世間事「根本沒什麼好生氣」。

想生氣時不生氣，該生氣時要生氣，才是成熟的做法。長壽的長者大多滿臉笑容，那是因為他們心中毫無芥蒂，有著柔軟、平穩的心境。假如你希望自己有一天能成為這樣的老人家，那就要每天笑嘻嘻過日子，保持心靈健康才行。

81

怎麼對待敵意這個包袱

集中切換自己的心情

某位朋友提起，當她結婚時，母親告訴她的一番話：

「不管夫妻晚上再怎麼吵、你怎麼哭，第二天丈夫去上班時，你都得笑臉相送。」

朋友來自有許多漁夫的小漁港。那個地方的女性只要想起：「海上瞬息萬變，沒人知道接下來會發生什麼事，這次分離可能成為永別。為了讓丈夫能夠安心工作，就算自己委屈一點也不要緊。」瞬間就會轉換心情。或許以前曾經有過「真的回不來了」而懊悔流淚的女性，才把這個智慧由母親教導女兒而代代相傳吧。

情緒就像養在內心的野獸。一旦打開柵欄，野獸就無法控制，想要奪門而出。「啊？為什麼非得我道歉？你才應該道歉！」正面迎戰的結果，只會遭對方傷得更深。由於不想受到傷害，就更不認輸。

發脾氣時，通常自認是「可憐的受害者」，滿腦子只想到自己的事。因為憎

無聊的「勝負」只會成為你的絆腳石，當你要前進時，把石頭搬開，讓道路暢通是非常重要的。

恨對方，使你的心靈沒有餘裕。說要放下，卻又擴大受害妄想，以致更加責備對方，戰鬥只好持續下去，搞到最後自己筋疲力竭，傷痕累累。「敵意」這個沉重的包袱，非常消耗你的精力。

放棄戰爭吧。因為就算你贏了，也沒有一點好處。「輸就是贏」。不論對錯，當你向對方挑戰時，就已經傾注所有的能量。倒不如把心轉移到其他方向，灌注你的能量，才是聰明的做法。有時道歉是解決問題的好方法。與其讓別人憎恨，不如讓對方以為自己贏了，讓事情順利進行。無聊的「勝負」只會成為你的絆腳石，當你要前進時，把石頭搬開，讓道路暢通是非常重要的。

不只夫妻或男女朋友，上司、同事、朋友、婆媳……不論任何關係，戰鬥都是無謂的浪費（雖說破壞以後才有建設）。與其戰鬥，不如放下敵意，跟對方做朋友比較輕鬆，也容易改變現狀吧。與人為善，就會有好事發生。

怎麼做才不會爭鬥？首先，想辦法和對方成為夥伴。然後，保持笑臉。說實話，世間沒有真正的敵人。

82

自己可以選擇不同的心情

怎麼對待焦躁不安的情緒

雖然不清楚理由，但是人在什麼情況下會焦躁不安？

似乎在忙碌、疲倦、睡眠時間不夠的時候，我們的焦躁指數就會升高。只因為公車遲到就不停嘆氣，對家人說出過分的話。當然，假如你的焦慮狀況超過一般，可能另有其他真正的原因吧。

人會產生不滿的情緒，多半是因為事實發展不如預期，卻又無能為力。沒錯，人生原本就不如意事十之八九。對周圍的人而言，自己的言行無法如預期，這一點是互相的。但當心沒有餘裕時，就會完全忘了別人的事，只考慮到自己的狀況而生氣。

我們的心靈之箱有一定的容量。不妨時常像朋友似的問問自己的心：「你為什麼這麼焦躁不安？」「你到底討厭什麼？」

於是，「就是因為……」，隱藏著的不滿與不安或許會顯露出來。

無法享受「現在」的快樂，
就無法擁有「未來」的幸福。

這時請好好回答：「我明白了，可是沒法子，請死心吧。」「那麼，我們來試試做自己想做的事。」「要不，說說自己的意見，解決問題。」

事不如意，理所當然。我們不可以無理地要求現實符合自己的期待。不一樣就不一樣，接受這個事實吧。然後，找出「我要這麼做」的對策。

好好面對自己的心，就能好好整理心靈的包袱。如果仍有芥蒂，慢性的焦慮會持續下去。因此不誠實面對，是無法妥善處理的。面對你的包袱，一一接納並清掃。

焦慮不安的日子並不好過，不但工作和想法的生產力降低，別人也會遠離。換句話說，無法享受「現在」的快樂，就無法擁有「未來」的幸福。

當你問：「受得了嗎？」就是你決定面對自己的時候。接下來請做你喜歡的事，說話、活動身體，一吐心中鬱悶。哭著是過一天，笑著也是過一天。笑，應該比哭好吧。你可以自己選擇不同的心情。

83

怎麼處理悲傷這個包袱

悲傷與喜悅互為表裡

「已經活不下去了嗎？」人生當中總有幾次遭這樣的悲哀造訪。這時盡情悲傷痛哭吧。愈想掩蓋、岔開悲傷，之後愈會感到不斷的悲哀湧上心頭。不如在徹底傷心過後，重新展開笑顏。悲傷的情緒會隨著時間過去逐漸轉淡，人總是要在什麼東西中尋找希望，然後往前走。就像「愈忙愈起勁」，你的心中如果填滿其他事物，自然會把悲傷擠走，並且再放進來的空間也會變小。

那麼，悲傷的情緒究竟因何而起？

悲傷應該是為了失去某些東西，金錢、物品、名譽、地位、愛人、友情、家人、健康……，你愈重視、執著於這些東西，就會愈容易感到悲哀。

換句話說，悲傷是不可能單獨存在的。

悲傷之前會有很大的喜悅與價值。有喜悅，便注定有悲傷。悲傷與喜悅互為表裡，不可能只有一方存在。

當你面對悲傷、恐懼這些負面情緒時，
會發現隨之而來的喜樂，讓你的人生充滿歡喜。

佛經中有一個故事，講述一個喪子的母親因為無法接受事實，跑去懇求佛祖：「請佛祖賜藥，讓我兒起死回生。」這時佛祖說：「你到街上找找，哪戶人家至今沒死過人，你去跟他家要芥子，你的兒子就能起死回生。」然而不管她怎麼找，都找不到一戶人家沒死過人。母親這時才明白，自己必須背負著至親死別的悲慟，繼續生活。於是母親對佛祖說：「我沒有找到芥子。我明白從今以後不是要求消除悲傷，而是接受悲傷，活下去。」

重要的是，不要企圖逃離悲傷。一旦接受悲傷，就會發現感恩的心。當你面對悲傷、恐懼這些負面情緒時，會發現隨之而來的喜樂，讓你的人生充滿歡喜。

還有為了療癒重大悲傷，有時必須藉助外力。「為什麼只有我……」當你感到孤獨時，就會裹足不前。尋找其他同病相憐的人、有共同遭遇的人，固然可以帶給你力量，但是你自己能為別人做什麼事，才是能量真正的來源。

悲傷的包袱有時可以藉著幫助別人而消失。

84

仔細與眼前事物相處

怎麼對待空虛這個包袱

有位三十多歲的女性說：「我為了賺錢而工作。我不喜歡自己的工作，也沒把公司當成奮鬥的目標，因此很沒成就感。我總是疑惑，人生僅只如此而已嗎？我想，至少讓私生活過得更充實些吧。於是我到處旅行、學許多嗜好，當時雖然很開心，可是很快地再度感到空虛。」

我明白那種心情。三十多歲時數度轉換工作的我也曾多次自問：「做這份工作到底有什麼意義？」雖然生活不能算不自由，可是不知怎的卻無法滿足。我知道這樣要求很過分，但我總覺得「好無聊」。

許多人都曾有過「忽然感覺很空虛」的經驗吧。工作一整天，回家途中，疲憊的身軀隨著電車搖晃時，遭到家事和帶小孩追著喘不過氣時，與表面的人際關係周旋時，難免產生「這樣的情況到底還要持續多久」的空虛感……。就算有奮鬥的目標，一旦產生「這樣就好了嗎？」的疑惑，若不努力就感覺不到應有的反

重視心靈的感受，仔細面對此時此地吧。

如此你將樂在生活，說不定想做的事便躍然而出。

應。因為空虛，人很容易利用購物、戀愛、依賴什麼東西，企圖把空虛埋在心間，殊不知這麼做，反而讓你更加空虛、更加不滿足。

當你擁抱空虛的包袱時，肯定是把它埋在心中；但是你心底恐怕也在想：這原本就不是我想要的，所以沒有意義吧。

不過，假如你想要處理「空虛」這個包袱，最好不要追究其因。不必給未來定義。如同梅特林克（Maurice Maeterlinck）寫的《青鳥》（*L'Oiseau Bleu*），明明青鳥就在家中，卻還到處去找一樣。胡思亂想只會讓你迷失方向，徒然感到筋疲力竭，卻找不到正確的答案。

重視心靈的感受，仔細面對此時此地吧。如此你將樂在生活，說不定想做的事便躍然而出。

另外，只要你期待的人生能和周圍的人共度，就不會獨自一人，也不會感覺空虛。與其選擇正確，不如將注意力集中在自己喜歡的事物上，人生之路自然開朗。重要的東西無法千尋百找而得，必須偶然拾獲。

85

在心裡給「未來」留下空間

怎麼處理擔心未來的包袱

曾經有一個我很喜歡的電視節目提到：「人為什麼會有戰爭？」原始時代，人類以狩獵維生，並將所得分給大家食用。原本是分給自己的部族，不過倘使狩獵收穫豐富，連旁邊的部族也能分到一杯羹。

可是人類的歷史因發明而改變。

那就是以「農耕」取代「狩獵」。我們的祖先想出一個革新的方法來儲備食物，他們種麥，並將麥子磨成粉，儲存起來。他們用生命保護這些糧食，卻也種下悲劇性的爭戰開端。土地好壞影響收成，這是攸關生死的大問題。人們為了搶奪種麥的土地，起了紛爭。他們為了保護自己的土地和同伴的生命，拿起武器，部族之間發生戰爭。武器也從刀槍演進成可以飛的武器，擁有精良武器的部族，就能併吞小部族。

儘管時代變遷，現在人們仍然重複做著相同的事。以想保護什麼為基本，進而擔心：「未來會怎樣？」擔心未來這個心靈的包袱，也可稱為不顧別人的自我主義

在我們內心多多少少要給「未來」留下空間，
那是「為了以後能幸福生活，
現在就要預做準備」的包袱。

（利己主義）。小至個人、企業，大到國家，為了擔心未來，就會不停地與人爭鬥。不論搶奪或是保護，都出自擔心及「還想要」的欲望。

現在已經無法像原始時代那樣「儲存」資源，而應該「共享」僅有的資源吧。也就是說，「能夠儲存固然很好」，但假如為了無法儲存而使「擔心」成為心靈包袱，你就變成擔心的奴隸，反而不健全，也迷失原本的自我。

不過，現代沒有人不為未來擔心，光說「只考慮現在就好」是不行的。考慮未來的事，也是我們的責任。

在我們內心多多少少要給「未來」留下空間，那是「為了以後能幸福生活，現在就要預做準備」的包袱。

我認為有效的包袱不是物質的財產，而是發於自身的智慧。因為你最後能夠依靠的不是金錢資產，而是你自己。磨練工作技能、提高生活能力固然重要，開心過日子、與人建立良好關係的人際能力也是資產。這些不只是你儲蓄的能力，也是你背負包袱的體力。

因此，「為了未來怎麼使用時間」乃是關鍵。怎麼說？因為時間這個東西是無法「儲存」的，它是我們最重要的財產，也是產生未來的要素。

Chapter

5

養成經常收拾心靈包袱的習慣

習慣，在後面推動著我們的人生。
你每天的小習慣將決定你的人生。
為了整理心靈的包袱，
應該盡量給心靈和行動養成這些習慣，
就能夠每天開心過日子。

86

習慣決定生活

立刻決定「試試看」

「怎樣？要不要試試看？」不管誰這麼問，我都會立刻回答：「好！來試試看吧！」如果碰到很困難的情況而難以決斷時，雖然會想一想，不過幾乎大部分時間都立刻決定「想做」或「不想做」。就像本書數度強調，其實一切以「想做的事」為優先。

為什麼？因為想做的事最能增加你心靈的能量，也因此最有可能實現。由於在你思考期間，狀況瞬息萬變，因此當你說「來試試看吧」，就是最好的時機，請當機立斷。

假如這時猶豫，就會開始考慮種種得失損益：「該怎麼做？」「做了以後會變成什麼樣？」「真的可以嗎？」而無法前行。只要有想做的心，之後不會那麼計較。就算沒有回報，也因為是在做自己想做的事而感到滿足。相反地，如果是要去做「並不想做的事」，便會感到能量消耗得很快，異常疲累。到不想去的地

你每天的小習慣將決定你的人生。

方、與不投緣的人交往、做不順手的事、吃不喜歡的食物……，這些事都會成為心靈的包袱，讓你的心沒有餘裕，無法感到快樂。

當然你不可能每天都積極地選擇「想做什麼事」。但是，只要是在「想做」與「不想做」的範疇內進行，就可以為自己產生比較多「想做的事」的選項。只要能夠「為了喜歡去做」，心靈自然會有餘裕。

仔細想來，「做想做的事」這個習慣，好像在後面推動著我們的人生。「想跟那個人見面」、「想讀一本書」、「想去留學」、「想住在這個地方」……，當你許下這些心願時，不可思議的機會來了，居然就能成真。趁著這股波浪，它將帶你到令你驚訝的地方。不過，那必須是你真正想做，而且相信自己能夠做到的事才行。不管什麼都說「我想做」，實現度會逐步下降。

這時如何下決定、如何行動、如何表達，你每天的小習慣將決定你的人生。為了整理心靈的包袱，應該盡量給心靈和行動養成這些習慣，就能夠每天開心過日子。比如說打掃吧，與其花時間整理東西堆得亂七八糟的屋子，不如養成能時時直覺判斷「丟掉」、「留下」、「整理」的習慣，還來得有效。整理東西如此，收拾心靈的包袱也一樣。快快收拾心靈的包袱吧。

87

思考最低限度「就是這樣」
心靈之箱中可以放的東西有限

我發現，自己挺貪心的，總想著「要做這個」、「要做那個」，內心滿滿都是想做的事。可是有時想做的事情太多，於是不管「多麼想」，也有無法自由如願、「做不到」的時候。

例如偶爾的休假日，「想洗衣服」、「想買東西」、「想看電影」、「想做菜」……有好多好多想做的事，結果光是消化這些計畫，就花了一整天。好不容易看了場電影，卻無法仔細品味電影的餘韻。休假日反而更累，真搞不懂到底為什麼要休假！

這時，請告訴自己「今天最低限度，就是這樣」，其他就請放手吧。為了讓心靈自由，必須珍惜重要的東西。世上非做不可的事畢竟不多。

工作也一樣。把目標設定在一件事上，「今天只要完成這個就好」。就算有許多事務等待處理，也要決定優先順位，「不必做的事不要做」，清楚割捨。即

心靈之箱有一定的容量，塞太多東西的話，心靈就會沒有餘裕。

使「做了半天，仔細一想，其實不用做也可以」，也沒關係。

只要你對要做的事，決定「最低限度到此為止」的底限，就會感覺輕鬆不少。

比如收到禮物時，想著「送什麼回禮才好」、「寫封感謝的信吧」，左思右想，原本開心的事反而成為心靈的負擔，就把道謝的事給耽擱了下來。假如你下了「最低限度打電話道謝吧」的決定，便可輕鬆執行。

心靈之箱有一定的容量，塞太多東西的話，心靈就會沒有餘裕。

請想像這樣的畫面吧。

我們每天拿一個箱子，裡面放了要思考的東西、待執行的東西。由於一天只有二十四小時，不能塞進太多東西。倘使塞太多，箱子就會脹到變形、壞掉。

因此與其東塞西塞，不如揀選自己喜歡的才重要。雖然只是想像，但是你可以創造一個色彩柔和、外形像玩具的箱子。總之，這個箱子不只需要考慮「只做這些事嗎」，還要以「用何種心情度日」為優先考量。如此你自然會嚴選放進箱子的東西了。

一個個心靈之箱，塑造了你的人生，你當然會希望選擇品質好、造形美的箱子囉。

88

常哭、常笑
驅除不安與恐懼的情緒

我常說：「年紀大了，淚腺變鬆了……。」讀到悲劇小說、看到感動的電影，不管別人目光，就嚎啕大哭起來。我想，淚腺大概和皮膚一樣會物理性地鬆弛吧。不過，相反地，老了以後切洋蔥反而不會哭了。

或許是因為人生的體驗變多，和別人容易起共鳴，因此比較能受感動，流下眼淚。難怪，我在聽到別人辛苦之後獲得幸福或溫暖人間之類的小故事時，想起自己的經歷，特別容易感同身受。好像隨著年紀增長，因別人的事哭泣，似乎能夠洗滌我們的心靈。

在放鬆心情的效果上，哭比笑更好，也有降低壓力的功效。哭過以後，身心不可思議地放鬆了。

就算碰到悲傷的事、後悔的事，想哭的時候不用忍耐，放聲哭出來吧（但別在公共場合，太丟臉了）。然後把那些負面情緒丟在腦後，往前邁步。哭泣後心

經常在心靈之箱裝滿笑容，
就算偶爾飄來不安的種子，也無法生根發芽。

情轉換了，再思考：「這件事真的值得如此悲傷嗎？」

另外，日常生活中最重要的是笑。相信任何人都有這樣的經驗吧，不管碰到任何情況能一笑置之，你的心就會有餘裕，能量也自然湧現。把心思放在笑上，注意力自然偏向快樂的事。於是恐怖的人變得有趣起來，自己的失敗也成為「成功的種子」，你就不會再悶悶不樂。

碰到艱辛的情況時，用玩笑化解緊張，笑著說「沒什麼大不了」的人，比眉頭深鎖、悲觀沮喪的人還要聰明，而且受歡迎。請了解不論有意識或無意識，一切都會過去，沒有永恆。

內心的不安和恐懼會讓你愁容滿面，但根本沒必要不安與恐懼，用哭或笑把它趕走吧。

經常在心靈之箱裝滿笑容，就算偶爾飄來不安的種子，也無法生根發芽。

人生苦短，與其一臉悲慘陰霾，不如保持明亮快樂的心情過日子。請像孩童那樣，做一個大哭過後立刻破涕為笑、擁有新鮮感受性的大人吧。

89

把對自己的批評當耳邊風
放下對人的敵意

有人說「應該仔細聆聽別人的批評」，我卻認為不必全盤接受。

為什麼？因為很多批評並非出自對方單純的建議，尚有惡意與嫉妒等問題。他們號稱「我這麼說都是為了你」，其實是為了消除自己的焦慮。

有的人遭到攻擊、討厭，受到很大的傷害；但是說的那一方其實並非針對某人，只是隨口說說，有點像是在造謠生事。由於沒想到話會傳到本人耳中，所以敢大肆批評。這些沒有愛的批評根本沒必要去聽，完全不用在意。

只不過，這樣的人偶爾也會說出某些重要的話。有時不免會讓你覺得：「真的耶，我都沒注意到。」「嗯，也有這樣的想法啊。」如果對你有幫助的話，你要心懷感謝，表達「承蒙指教」，其他的聽過就算。碰到意見不合時，不要搶著發言：「等一下，這裡好像不對。」把對方的聲音當耳邊風吧。本來就不可能讓所有的人都了解你。與其努力不受別人批評，對某些批評充耳不聞，還比較實際。

當你感覺自己快要受到傷害時，摀住心靈之耳，
把神經放大條些，也是聰明的生存之道。

前幾天在研究所，有一個男學生發表研究論文。因為受到教授的猛烈抨擊，而躲在階梯舞蹈教室哭泣。他一再自責：「都是我的錯，是我太爛了。」

可是也有學生受到同樣的抨擊，當老師說「你這個笨蛋」、人格遭到否定時，他卻若無其事地說：「請不要這麼講我。」

兩者為何有這麼大的差距？首先，他們感受性的強度不一樣；另外，容易受傷的人把批評的對方當做「敵人」。對敵人的恐懼，形成心靈的重擔。也就是說，當他們在心底認定某人是敵人的瞬間，便受重擔所支配。自責的人等於是在懊悔自己的失敗。由於對對手強烈的警戒心，使他們無法暢所欲言。另一方面，就算遭受攻擊也若無其事的人則不把對方當敵手，輕易能將想要的東西手到擒來。

為了不受傷，請放下對人的敵意。放輕鬆，想著「對方又不會吃掉我」。即使遭受批評，聽聽就好。「反正總有意見不合的時候」，不管多麼努力，仍然會有如潮水般的反對聲浪。意見不合就意見不合吧，只有耐心度過。當你感覺自己快要受到傷害時，摀住心靈之耳，把神經放大條些，也是聰明的生存之道。

90

拒絕要果斷

不要過度符合別人的期待

想拒絕，卻無法拒絕。討厭的事雖然很想言明，卻說不出口……。我想，這是因為你不希望讓人討厭的緣故。

與上司和同事的聚餐、與姐妹會的午餐、與朋友的出遊、應酬交誼、男友的告白……，看著對方悲哀的臉、火大的臉，實在很辛苦，可是「好不容易受邀出來」，「別無精打采的」，「不要給平靜添亂」。朋友相約聚餐，就算疲憊、就算有事，也去參加。然而回家後忍不住抱怨「當初如果拒絕就好了」，氣自己的優柔寡斷。

像這樣認真的人、溫柔的人、責任感強的人，總傾向於把不必要的重擔攬在心頭。

是卸下肩上重擔的時候了。就算拒絕，也沒什麼大不了。無法理解對方為何改變態度的人，就沒必要理會。短暫人生只能用在重要的事情上。如果老是要看

拖拖拉拉地拒絕，會讓對方覺得沉重。

拒絕要果斷，才是首選。

別人臉色，無法直接面對自己，那將是多麼辛苦的事啊。為應付別人而活的人生，不是自己的人生。假如持續下去，日後勢必辛苦，那時該怪別人，還是怪自己呢？想一想，與其把時間浪費在應付別人的期待，不如花時間在對自己的人生負責，是不是比較妥當呢？

我不想讓討厭的心情延續，所以斷然拒絕。斷然拒絕雖然需要勇氣，可是一旦做了，就會有「太棒了」、鬆了口氣的感覺。不斷然拒絕，討厭的情緒會一直延續下去，沒完沒了。請盡量以愉快的心情度過重要的每一天吧。

「拒絕的方式」也很重要。不擅長拒絕的人要拒絕時，請找出減輕負擔的方法。「下下週可以，但是現在真的不行」、「我如果身體好一點，真的很想去」等，有前置條件的說法挺不錯的。碰到別人邀約或有事請託時，事前先表明「這禮拜家裡有事，必須早點回家」，預設防線亦不失為一個好方法。總之，重點在於理由要讓對方能夠接納才行。「謝謝你的邀約，可惜無法赴約。」直接道歉，再發mail道一次歉，禮數周到的話，相信對方應該不會生氣。換句話說，必須清楚表明關心、重視對方，讓他感受到「你很重要」。拖拖拉拉地拒絕，會讓對方覺得沉重。拒絕要果斷，才是首選。

91

培養尊敬的習慣

敢說「好就是好」的人很強

尊敬每一個人，這點看似簡單；可是要尊敬卑微、年輕、不同世界的人，卻不是件簡單的事。

不過，假如我們不是以「值得尊敬與不值得尊敬」為視點，而是從「有沒有值得尊敬的地方？」這個觀點思考的話，你將發現所有的人都有值得尊敬的地方。

懂得尊敬別人的人比較不會樹敵。朋友的上司愛亂發脾氣，又愛欺負人。可是朋友說：「他讀了很多書，學識豐富，很厲害。」想到這一點，她就能忍耐下去。某個小學老師說：「每個孩子都有值得尊敬的地方，比如A是逗大家開心的天才，B有顆溫柔體貼的心，讓我每天都好感動。」這樣的老師不會採取高壓政策，讓孩子害怕，而是跟孩子建構良好的關係。對孩子而言，這位老師因為能發現自己的優點，所以格外重要。

能從每個人身上發掘值得尊敬之處的人，能夠樸實認定「好就是好」。他們

貶低別人，其實是在貶低自己；

讚揚別人，其實也是在讚揚自己。

不囿於自己的情緒，對有價值的地方給予直接的肯定。他們真實不虛假。他們肯虛心學習，也誠實承認自己的錯誤。培養尊敬的習慣，不只會喜歡別人，也會喜歡自己。就連面對好像嫉妒你的對手，也不妨試著說：「你……好厲害，我敬佩你。」能夠尊敬對手，其實也表示你有自信。人通常為了保護自己，受自我主義左右，才會去說別人壞話、罵人、嫉妒別人，進而漸漸討厭自己。貶低別人，其實是在貶低自己；讚揚別人，其實也是在讚揚自己，不是嗎？

當你帶著尊敬之心，與公司主管、同事、朋友、愛人、親戚、客戶等來往時，應該會覺得格外輕鬆吧。特別是夫妻關係，我認為尊敬比愛情更重要。

還記得小時候，母親老是把「你爸爸為了工作都沒時間休息，真值得尊敬」掛在嘴邊，我因此認定父親是個了不起的人。看父親時，也感覺除此之外，再無其他形容足以匹配。母親對父親的尊敬，數十年來給孩子洗了腦。這或許是母親對丈夫的作戰法。懂得尊敬的人把周圍的人都當成夥伴，與其努力讓自己「不能不被愛」、「不可以惹人討厭」，不如培養尊敬別人的習慣，說不定更有效呢。

92

和時間做朋友
不做也無所謂的事不必做

生活在現代的人，幾乎每天嚷著：「時間不夠用。」

雖然整個社會瀰漫著這種氛圍，但這點頗令人頭疼。本來應該工作八小時就夠，但是當同事們都工作十個鐘頭時，你會感到不安。聽到同期的人過著多好的日子、有多少存款時，你也會感到十分焦慮吧。為了化解先前的不安，你熱衷於取得資格、創業、理財。大家都為了不安，浪費許多時間。身在其中，敢保持「我的工作只到此為止」的姿態，需要相當大的勇氣。

由於沒有充裕的時間，你的心靈也就沒有足夠的餘裕去品嘗幸福。你不覺得自己已經很久沒有抬頭看看天上的雲、感覺一下四季變化、熱衷於某項嗜好、與家人團聚了嗎？不覺得自己愈來愈少體會日常的幸福與安詳？

忙碌奪走我們的感受力。我們急急忙忙地讓時間追著跑，人變得不安、焦慮起來。在我們忍耐的時候，人生已然虛度。

不管是讓時間追著跑、還是追著時間跑，
都請和時間做朋友，時間會是支持你最大的力量。

該怎麼運用時間？最重要的應該是：「你要以何種心情度過？」這不只是你的人生觀，更關乎你自己。豐富的人生代表充裕的時間、富足的心靈。本來每個人都期待能夠充分擁有安穩的時間、興奮的時間、感覺幸福的時間。執著於和別人比較，將無法獲得真正的幸福。什麼事使你歡喜？素直地面對自己的心，做出選擇吧。

讓你的心靈產生餘裕的時間術之一是「不做也沒關係的事，就不必做」，因此你必須清楚分辨何者要做，何者不必做。

接下來，訂出時間表也會讓你產生餘裕。早點行動。如同吃飯八分飽，工作量也排八分滿。當你做事有餘裕時，心靈自然就有餘裕，不會做出錯誤的判斷。

最後則是逐漸改變，重質不重量。只要能提高工作能力，就能縮短時間。一旦決定「絕對不加班」，為了產生時間的餘裕，自然會想出提高品質與效率的方法。

思考如何配合現實，創造時間的餘裕與心靈的餘裕，必須嚴選、深入你的工作。為了自己的幸福，不管是讓時間追著跑還是追著時間跑，都請和時間做朋友，時間會是支持你最大的力量。

93

好睡，好吃，好運動
心靈的朝氣從習慣而來

人類的基本幸福是好吃、好睡。依照我的看法，好吃好睡不只是「睡很多、吃很多」，還有「睡得熟、吃出好滋味」的意思。只要能從每天日常生活中感受到幸福，那將會是多麼豐盛的人生啊。儘管社會上流行削減睡眠時間、努力工作的風氣，但是滿足這樣基本的需求，不是比什麼都幸福嗎？

有人「討厭的事情，睡一覺就忘了」，大概睡眠可以清掃心靈的重負吧。就像利用深夜，把不需要的電腦資料刪除一樣。就算今天在公司遇到討厭的事，晚上睡個飽覺，第二天又是好漢一條。雖然睡覺無法消除所有煩惱，至少醒來會想：「啊！今天也要好好工作。」不知不覺減輕某種程度的壓力。

睡覺時要注意，人會潛意識地把睡前與剛起來的那一瞬間，埋在內心深處，因此盡量不要把負面情緒帶進被子裡。愈執著，就會愈陷溺其中。當你焦慮不安時，花一點時間讀你喜歡的小說，你將會感覺心情有重大的轉變。跟自己對話，

只要能從每天日常生活中感受到幸福，
那將會是多麼豐盛的人生啊。

也是段快樂時光。就算找不到答案，只要在潛意識裡持續思考，總有撥雲見日的一天。

同時，聽說營養不夠會引發焦慮。均衡的飲食，只要細細品嘗，就會感到滿足。吃到好東西，不論在任何時候、與誰分享，都是共通的幸福。沒有人會一邊吃美食，一邊忿忿不平或是焦躁不安。同時，身心都要維持八分飽。人能夠吃東西的次數有限，別光顧著吃東西，細細品嘗食物的滋味吧。

以我為例，最近特別感受到活動身體對整理心靈的功效。運動之後流汗，感到神清氣爽。原來運動可以促進腦內神經傳導物質「5－羥色胺」的合成，達到安定心靈的功效。就算沒時間運動，抽空做體操或散散步也都有效。身體如果放著不管就會逐漸退化，精力逐步減弱，體力也跟著下滑。我從非常麻煩的跑步當中，確實感到「好像欲罷不能」、「比上禮拜跑得更快」等效果。在品嘗這樣的成長與快感當中，漸漸培養出自信心。

心靈的朝氣從習慣而來。

94

相信光明
把問題縮小、簡單化

容易擔負心靈包袱的人，習慣自己收集問題，予以誇大、複雜化。明明活著都感到疲累，卻還花時間一點一滴地增加包袱，或是背著彷彿快要撐破的大包袱，自然會讓這些包袱奪走生存的能量，對度過難關不抱希望，處於毫無自信的狀態。

其實你只是隨著自己造出的心靈包袱起舞罷了。

但也有人「注意到也沒輒」，「嗯，是這樣啊」，不把它當回事，按照自己的道路循序漸進。

當你反覆膠著在心靈包袱上時，代表你「恐懼」著什麼東西。人一旦膽怯，就會讓心靈包袱「變大」、「複雜」起來。當你心裡感到「好討厭」、「好恐怖」時，就是受情緒操控，放大心靈包袱，下錯誤的判斷。

因此當你產生心靈包袱時，先把問題「縮小化」、「簡單化」。對自己的害

你把事情往壞處想，
現實就會往壞處慢慢發展。

怕產生疑問：「等一下，值得這麼害怕嗎？」然後，或許「現實不會產生任何大騷動」、「就算不會做也不要緊」、「就算讓人討厭，也沒麼大不了」。

另外，產生莫名的不安時，雖然感到不安，還是要思考「為什麼會感到不安」。你的心靈應該學習「其實沒必要那麼害怕」，這樣才會幫助你思考如何把問題「縮小化」、「單純化」。

有時，心靈包袱好像起因於周圍的環境和別人，其實是來自「你不相信自己」的不安。因為你沒有接受現實的自信，所以不安。只要想著「不管現實與未來如何，都能坦然接受」的話，不就沒那麼恐怖了嗎？你把事情往壞處想，現實就會往壞處慢慢發展。不相信自己，會讓你在前進時不停地踩剎車。

不需要很強的自信，只要認清自己的能力，選擇相信自己就好。「順利，還是不順？」「能，還是不能？」「幸福，還是不幸？」刻意選擇相信光明面，是沒有損失的。不必思索相信的理由，只要單純地相信就好。

這樣你就會自然發現應對的方法，朝著光明邁進。能夠單純相信光明未來與自己的人，是會整理心靈包袱的人。

95

為了從此過快樂的日子，不要太執著
使用肯定的話語吧

能保有自己想要的東西、喜歡的東西的人，是很幸福的。這些人不管別人怎麼說，只要自己能接受、自我滿足，就會找到自己的幸福。這些人不會執著於自己無法擁有的東西，更不會去和別人比較。因為執著於不必要的東西，非常耗費精力與能量。不能肯定現實，心情就會鬱悶，也無法充分感受到眼前的幸福。

前幾天來打工的K太太說：「打工不管多辛苦，都只能領時薪。想我單身時在一流的大企業上班，待遇還不錯呢。啊！早知道就不辭職了！」

另一方面，保持單身卻一直在上班的T小姐也抱怨：「早知道應該趁著有還不錯的對象，二十多歲時趕快結婚。現在上班上得好累……」

不論K太太或T小姐，都無法從執著於過去的自我中跳脫出來，接受現實，因此不快樂。

既然現實無法改變，你只能改變思考的方式，找出幸福之道。如果不肯定現

語言創造人，也創造人生。
不論何時何地，若接受「這樣也不錯」，
就能微笑度日。

實「這樣就好」，從執著中放手，就會持續產生不平和不滿的情緒。

想要獲得幸福，最快、最有效的方法就是使用肯定的話語。靠話語來肯定現實，你的思想與行動都會更積極。

「雖然打工的時薪不高，但是可以為孩子提早回家，對我來說，這一點更重要。」

「雖然當時沒有選擇結婚，不過可以盡情地工作和遊樂，真是很幸運。」

世上一切都由言語構成。再也沒有比言語更具暗示性、更能左右人生的了。和說「今天又是大熱天，好討厭」的人相比，說「天若不熱，就不像夏天了」這樣肯定言詞的人，比較能夠感受到自我的幸福，也能帶給周圍的人幸福吧。語言創造人，也創造人生。

請不要再用負面的話語傷害自己了。不論何時何地，若接受「這樣也不錯」，就能微笑度日。

正面的話語中以「謝謝」、「多虧有你」之類感謝的話語最有效。感謝的話語最能表現現實與周圍的人的價值，自然不會執著於負面的事，心靈的負擔也會跟著減輕。把笑臉、正面話語、幽默裝入你的心靈之箱，是智慧的人生哲學。

96

愛自己與別人，選擇輕鬆之路

按照自己的步調前進

不論對別人還是對自己，愛比恨輕鬆。

憎恨別人的情緒會磨損神經；相較之下，喜歡別人就輕鬆多了。

糾正別人需要花許多力氣，不如嘗試去了解對方。

當你愛一個人的時候，不論對方好壞，都會高高興興地全盤接受，說「一切ＯＫ」吧。有愛的人，因為放棄對人的敵意和恐懼，所以願意溫柔地和對方一起創造幸福。

當你想要去愛一個人時，首先會說對方感興趣的話題，同時側耳傾聽。人有許多抽屜藏著寶物，連自己都不知道。帶著興味發現對方的優點，給予對方想要的東西，是一件充滿喜樂的事。

與愛自己相同，憎恨自己的缺點不是件好事。只要想「就算弱點、就算缺點，這樣的自己不算壞」，活著就會輕鬆許多！所以「現在的自己ＯＫ」，放心地以原本的面貌生活吧，沒必要忍耐著配合環境、委屈自己。

能愛自己的人不會模仿別人，他們有自信追求想要的東西，開拓自己的人生。他們不怪別人，也不怪自己，和身邊的人做朋友。因此他們可以一步一腳印，按照自己的步伐，走出自己的人生。

另外，愛有許多種，如愛情、親情、對工作的愛、對鄉土的愛。不論哪種愛，基本上都一樣，那就是「理解對方，去給予對方想要的東西」。與其想得到愛、接受別人給予，還不如自己去愛、去給予還來得輕鬆。因為被愛、接受別人給予，發球權在對方。若你太過執著於此，就更容易失去自我，然後隨時隨地遭不滿與不安糾纏。但是假如你去愛、去給予，發球權就在你自己手上。讓對方歡喜，自己的心也幸福滿溢，然後突然之間，你會收到超乎想像的好意。愛就是被愛，這就是幸福。

愛，當你想要得到時，會消耗你的能量；相反地，當你給予別人時，能量則如泉湧。我們要為了別人而拚老命嗎？

當你積極地去愛自己和身邊的人，不管是多麼沉重的包袱，都可一肩挑起。我想，當你受到所愛的世界支持時，人生多麼美好啊。

愛，當你想要得到時，會消耗你的能量；

相反地，當你給予別人時，能量則如泉湧。

國家圖書館出版品預行編目 (CIP) 資料

練習不焦慮：96 種讓心靈新陳代謝的好方法 / 有川真由美著；張玲玲譯 . -- 二版 . -- 臺北市：遠流出版事業股份有限公司 , 2021.03
面；　公分
譯自：心の荷物を片づける女は、うまくいく
ISBN 978-957-32-8980-7(平裝)
1. 修身 2. 生活指導

192.1　　110001495

練習不焦慮

96 種讓心靈新陳代謝的好方法
（原書名：練習心平靜）

作者／有川真由美
譯／張玲玲

副主編／陳懿文
美術設計／王瓊瑤
行銷企劃／鍾曼靈
出版一部總編輯暨總監／王明雪

發行人／王榮文
出版發行／遠流出版事業股份有限公司
地址／ 104005 台北市中山北路一段 11 號 13 樓
電話／ (02)2571-0297　傳真／ (02)2571-0197　郵撥／ 0189456-1
著作權顧問／蕭雄淋律師
2014 年 10 月 1 日 初版一刷
2021 年 3 月 1 日 二版一刷
2024 年 6 月 5 日 二版七刷

定價／新台幣 320 元（缺頁或破損的書，請寄回更換）

ISBN 978-957-32-8980-7
遠流博識網 http://www.ylib.com.tw E-mail: ylib.com
遠流粉絲團 https://www.facebook.com/ylibfans